Camina conmigo

Charlas de café con mi terapeuta

Marco Antonio Meza-Flores
Compilador

Caminemos Juntos. Charlas con mi terapeuta.

Primera Edición (CANAH, 2016). Cualquier duda o aclaración al correo canaheditora@gmail.com o con el editor reverendo_czy@hotmail.com

ISBN-13:978-1539023234
ISBN-10:1539023230

Diseño de portada: Job González Morejón

Índice

Introducción

El libro que tienen en sus manos es la compilación de algunos de los escritos que durante años el Centro de Formación Integral Canah "un lugar de esperanza" de la ciudad de Reynosa, Tamaulipas ha compartido en su página de internet y que nos han pedido sean publicados en formato no sólo digital, sino físico.

Canah, cuyo nombre náhuatl significa "un lugar o un momento de esperanza", se ha destacado por ser un grupo de vanguardia psicológica, nutriológica y pedagógica en la ciudad desde hace ya ocho años. Una de las cosas que hacemos además de dar terapia, talleres y diplomados, es escribir artículos para las personas que nos leen en diferentes medios de comunicación.

Los escritos aquí plasmados son parte del sentir y el estudio de cada uno de los autores a través de la terapia clínica, y la vivencia en el consultorio; desde ahí, uno aprende de muchas maneras cómo son los aristas de la vida, y sobre todo, cómo aprender a caminar con ellos y construir un mundo mejor para mí y mi entorno social.

Así que, decidimos después de varios años plasmar en un libro muchas de los escritos que han ayudado a otras personas a salir adelante.

Los primeros que encontrarán son del tarotólogo Adrián Barceló Plasencia, un joven emprendedor y dinámico que usa una de las técnicas más complejas que existen (y también más criticada, más por ignorancia que por otra cosa) "la terapia con Tarot". Usando el tarot de Marsella renovado, ha podido plasmar en muchas personas la ayuda adecuada a su malestar psicológico, además de explicar que el Tarot no adivina el futuro, sino representa el presente de manera arquetípica, haciendo de la consulta una idea agradable y retadora.

Él nos regala diez escritos que nos enseñan a pensar, a regresar a nuestra infancia y a crecer en nuestra adultez, además de caminar por donde otros no caminan.

Sergio Morales Bustos, Psicólogo Transpersonal y Holístico nos regala tres artículos interesantes, el último de ellos nos habla de su experiencia como biodecodificador de enfermedades, metiéndose en una enfermedad temida por muchos "el cáncer", su experiencia por años en esta rama (biodecodificación) lo ha destacado en la frontera del país, además como entrenador (Coaching) de vida, nos enseña que podemos vivir mejor y más plácidamente.

También tenemos un artículo de una amiga psicóloga Maricruz Jaramillo Cruz, que a pesar de no ser del equipo de Canah, nos regala una joya de crecimiento.

De la misma manera un ingeniero, empresario y maestro Omar Gasca Carrillo, nos da un artículo sencillo pero retador, para aquellos que son padres solteros y a pesar de no ser psicólogo su aporte es muy exquisito.

Dentro del mismo libro encontrarás artículos de un servidor, que te servirán para muchas cosas, crecer, reír, e incluso aprender a soltar. Usando la Gestalt como técnica y las teorías Jungianas como base, he podido formar una escuela que usa los símbolos de tu inconsciente personal y el colectivo para comenzar a vivir en un aquí y en un ahora.

Se llama "camina conmigo: Charlas de café con mi terapeuta" porque es precisamente lo que hace el terapeuta, caminar con el compañero que por alguna razón está "trabajado y cansado", y aunque los terapeutas son seres que también tienen problemas, éstos, aprendemos a manejar la lámpara, la brújula y el mapa de la vida, para poder caminar con aquellos que por alguna razón han perdido el rumbo en este hermoso planeta, y que mejor que con un buen café, que nos deleita la vida.

Te invito a leer con calma, poco a poco; algunos textos son para reflexionarse, para tomar un café rico y dejar que hagan su trabajo en tu cabeza, son textos para sentarse un buen rato y pensar, igual si no quieres puedes leer todo el libro en una tasa, lo bueno es que lo tienes en la mano, lo mejor es que podemos caminar juntos.

Esperamos que este libro sea de tu agrado, que encuentres refugio, manantial en el desierto y sobre todo, que observes la belleza de tu camino, así como ha sido de muchas personas a través del caminar con ellos.

Pbro. Marco Antonio Meza-Flores
Teólogo y Psicólogo Clínico G-J
Director de Canah "Un lugar de esperanza"

Adrian Barceló Plasencia

Nace el 13 de marzo de 1989 en Reynosa Tamaulipas, se considera hipersensible y tímido. Es Técnico en Mecatrónica y Psicólogo por la Universidad Tamaulipeca, se especializó en el área Clínica en Canah, además de ser uno de los pocos Tarotólogo de México, perfilador, forma parte del equipo de trabajo de Canah "un lugar de esperanza".

Es considerado un buscador del conocimiento, sin olvidar la praxis; amante de la buena lectura y la meditación interna.

Actualmente radica en Reynosa, estudia la Maestría en Educación junto con su esposa, con la cual tienen un hermoso niño llamado hijo Ion, además y no menos importante para la familia su perrito Mellon.

Lee las cartas del tarot y da atención psicológica.

¿Dónde quedó la inocencia?

Ahora que llueve, recordé aquellos tiempos en los que solía salir a mojarme en la lluvia. Recuerdo que muchas veces golpeábamos un árbol para empapar a otros y nos mojábamos nosotros y entre risas lo volvíamos a hacer, o cuando saltábamos en charcos y nos empapábamos, era increíble, maravilloso.

Cuando no le teníamos miedo a mojarnos, cuando no medíamos los "riesgos"; nuestra vida se basaba en descubrir, en asombrarnos, en caminar sin pensar ¿qué pasará mañana? Vivíamos tan intensamente el hoy que el mañana no nos preocupaba. Coleccionábamos cicatrices, bichos, piedras que nos gustaran, estampitas, fichas y un sinfín de cosas que "no servían", según los adultos que poco entendían y entienden el mundo del saber de un niño.

Momentos de niñez que no se olvidan, pero ¿qué me paso? El mundo neurótico e histérico diría entre dientes "¡creciste!" Ahora que soy una persona un poco más sana me doy cuenta que no, en realidad no crecí, solamente amargué mi ser. ¡Sí, sí, lo sé, A veces soy un poco extraño! Pero soy como el loco del tarot, que tiene sus zapatos rojos y el rojo es pasión, es fuerza, y esa pasión es la que me ha llevado a cometer cosas que para muchos son locura, pero para mí es poder en Dios.

¿Cuántas veces dejas de hacer lo que querías por hacer "lo correcto"? Claro, según las normas de calidad moral de los tiempos en los que vivimos. ¿Cuántas veces en lugar de remontar el vuelo te quedas estancado porque eso es "cosa de niños"? ¿Cuántas veces te quedas con la duda porque tienes miedo que los demás sepan que no sabes? Podríamos llenas libros de ¿cuántas veces? Pero no es la idea, la idea es retomar aquellos viejos pasos que en realidad nunca nos hicieron daño, salir a correr con la lluvia sin pensar que nos haremos chiquitos, nos dará gripe, o nos empaparemos.

Corremos de cosas; corremos de casa, de charlas, de relaciones, de sensaciones, de pensamientos... corremos, corremos, corremos. Y en el proceso a veces nos perdemos, no sólo a nosotros, sino a todos los que están a nuestro alrededor; huir nunca será la solución, pero sí es la "respuesta" más fácil. Mientras vamos creciendo se va muriendo algo dentro de nosotros, o lo vamos matando, no sabemos qué es, pero ese "algo" es terriblemente olvidado por nosotros mismos, ese "algo" que nos regresa al pasado cada vez que sucede algo trascendente; como la lluvia, Esa que es tan natural, y que cae sin medir, ni pensar en etiquetas; cae sobre todos, buenos y malos, pobres y ricos, guapos y feos, bonitas y hermosas, así, sin más, sólo cae. Esa que no se fija si tienes ganas de ser tocado o no, que sorprende, que da vida, pero que también puede causar muerte; esa que al final del viaje siempre será la misma, pues ella no cambia, sólo crece, sin miedos, sin mañanas, sin prejuicios, sólo es.

Y así éramos nosotros, como ella, corríamos sin pensar que podíamos caernos; nos subíamos a los árboles; las niñas se subían sin pensar "me estará viendo las piernas... o los calzones", todo esto hasta que llegaba un "adulto" y con sus prejuicios hacia que esa niña creciera, se bajara del árbol y amargara el día.

O recuerdas aquellas veces que le dijiste gordo a un gordo, feo a un feo, menso a un menso, y te reías de la risa, era simple, sin prejuicios, sabías decir "lo siento", si creer que ese "lo siento" era forzado, si alguien te decía "no le digas así" preguntabas ¿por qué? Sí, la vida era más sencilla, la única responsabilidad que teníamos era vivir.

Con el tiempo las cosas cambian, ahora, ya "adultos" cuidamos lo que decimos, cómo lo decimos, por qué lo decimos y hasta cuándo lo decimos; nos cuidamos de todo, cómo caminamos, qué comemos, cómo peinarnos, cuidamos todas las formas que nos dicen que debemos cuidar; "no subas los codos a la mesa"; "no subas los pies"; "no corras, no bailes, no digas, no hables, ¡no, no, no!" No, era una de las palabras que más aprendimos, pues "debíamos ser unas buenas personas".

Según, nuestro mundo adulto, nos volvimos o nos teníamos que volver "más responsables". Teníamos que dejar al niño a un lado y teníamos "como obligación"... crecer. Y mientras crecíamos cometimos el pecado de enterrar a nuestro niño interno, ahora lo que se llama "hacerse adulto" es sinónimo de "hacerse amargado".

Si no me crees pregúntate ¿Espero con ansia algún día para poder anestesiarse con alcohol? Es decir, ¿tomarás para olvidar? La ilusión la perdimos, pero podemos encontrarla de nuevo, sólo sigue tu corazón y recuerda que donde hay voluntad, hay camino.

Dentro de cuatro paredes

"Ojala y nunca te hubiera conocido", una frase que aparenta mucha fuerza y carácter, pero ese es el pensamiento de un cobarde.

¿Quién eres tú para juzgar el tiempo? "¿Ojalá y nunca te hubiera conocido?" ¡Idiota! Sólo un ser patético y lastimoso se queja de los ríos que no se detienen, decía el gran Heráclito, como lo es el tiempo, ¡no se puede hacer nada! Los hechos son sólidos, tallados en roca donde los vientos (elemento favorito de Cronos) del tiempo no pueden borrarlo, ¿por qué querer modificar un imposible? ¡Por debilidad, por eso! Como si fuera tan difícil aceptar el hecho de que allí esta ella y aquí estás tú.

¿Qué te hace falta para seguir caminando entonces? Busca la verdadera respuesta y se libre...

AQUÍ/AHORA

Hablas de cobardía y no sabes lo que es. Hablas de seres patéticos y lastimosos, pero no posees conocimiento de ello. Hablas de debilidad, pero tú no la has superado. Hablas de verdad, pero te quejas en el silencio de lo lacerante que es. Hablas de ser libre, pero tú estás lleno de miedos, de márgenes, de represiones...

Dime amigo mío, ¿ya encontraste la verdadera respuesta? ¿Acaso son ganas? ¿O tal vez un mapa? Excusas y pretextos, eso es el material del que te gusta confeccionar tus mantos... Te diré una para alcanzar la verdad, te esclareceré algunos términos.

Cobardía, es actuar cuando no tienes y retirarte cuando no debes. Patético, significa "relativo a una emoción/sentimiento o enfermedad" aunque se le adjudique más al término peyorativo de "repulsivo o vergonzoso". Lastimoso, dícese de aquel ser afligido que posee tanta miseria que desea compartirla con los demás, de allí que se haga la diferencia innecesaria entre lástima y lastima, ya que una engendra a la otra, el problema es saber cual a cual, pero al final de cuentas son una misma esencia. Debilidad, es ser dueño de un increíble poder pero no atreverse a usarlo. Verdad, es aquello de lo que se supo una vez y después fue modificado porque era muy aburrido, por conveniencia, o sabrá Dios por qué, pero es seguro que es exclusiva del poseedor y está atenida a su libre modificación, sin siquiera estar protegida por el mismo amo y señor de ésta. Libre (libertad), es aquello que tienes pero no quieres por temor a no saber qué hacer con él o para no pagar la consecuencia, es el todo y la nada, lo pragmático, lo siniestro diría Lacan, aquella cosa por la que peleamos pero la vendemos a la primera oportunidad que tenemos (después de conocerla), es una ilusión.

Entonces, eres cobarde, eres patético, eres débil... No, eres lastimoso, no posees la verdadera verdad, y no eres libre. Pero puedes elegir a pesar de todo eso, ser feliz o miserable, eso es directamente tu responsabilidad. Otra elección igual o más importante es: caminar o quedarse estático.

¿No te diste cuenta? No estabas hablando de *ella,* ella sólo fue un reflejo de lo que tu carecías, pero anhelabas... ¿Querías borrar a ella, o a aquello que no te gusto de ti?

Te encierras en cuatro paredes, porque es más fácil "vivir aislado" que vivir en serio, levántate, camina, ¿qué esperas?

¡Sobre todo, comunicación!

¿Alguna vez les ha pasado que van caminando por la calle, un grupo de personas se ríen y creen que se ríen de ustedes? O ¿Han recibido un comentario agradable del "chico sarcástico"? ¡Si claro! Se pueden decir mil cosas de la persona que sienta eso, pero quiero tocar un tema poco más obvio pero muy tomado a la ligera según mi opinión, la percepción.

¿Qué es la percepción? Es el proceso de interpretar, descifrar, analizar, organizar e integrar los patrones de estímulos recolectados por nuestros sentidos del mundo que nos rodea en función cerebro/sentidos. Dicho de otro modo, es lo que nuestro cerebro nos dice que existe en el ambiente, macabro ¿no? Digo, tomando en cuenta que no todos estamos tan sanos mentalmente como nos gustaría pensar, y más aún, el cerebro procesa aproximadamente cuatrocientos billones de bits por segundo de los cuales sólo estamos conscientes de dos mil, por lo menos a mí me dejo pensando *¿Qué tanto sé de la realidad?* Gregory Bateson nos explica la realidad y la percepción personal con una analogía fascinante: Imaginen que están en una aventura en un lugar donde nunca habían estado, naturalmente llevaríamos un mapa en dicha actividad, no quisiéramos perdernos, sólo que hay un pequeño detalle, el mapa no está actualizado y hay muchos caminos incorrectos o inexistentes ¿Qué rollo, digo, si el mapa lo dice, el terreno así debería de estar? Claro que un pedazo de papel no se puede comparar con el terreno así como nuestra percepción no se puede comparar con la realidad. Me recuerda a la estafa de empeñar las escrituras de la casa (y sólo las escrituras sin cambio de propietario ni nada por el estilo), los estafados con tal de tener una recompensa mayor aceptan las escrituras por un módico precio (loco el que no me regrese X cantidad de dinero y pierda la casa), los estafadores sólo tramitan las escrituras por un precio aun más reducido y *voila*, se hace el trámite.

En fin, el chiste es que nuestra percepción personal no es y nunca será la realidad absoluta, el problema surge cuando así lo creemos y hacemos o decimos cosas que no nos competen.

Hasta ahorita he leído que existen ciertos factores que nos ayudan a determinar, forjar y/o expandir nuestra percepción y son:

- Cultura
- Experiencia/aprendizaje
- Motivación
- Valores
- Expectativas
- Estilo cognoscitivo

Incluso la Gestalt postuló leyes de la percepción:
- Ley general de figura y fondo.
- Ley de la similitud.
- Ley de la proximidad.
- Ley del destino común.
- Ley de la buena continuación.
- Ley del cierre.
- Ley de la simplicidad.

Entonces es aquí cuando se da la batalla decisiva realidad personal vs realidad ambiental, está claro que voy a defender mi punto de vista así como todos los demás defenderán el suyo, para mí el cielo es celeste (cuando está despejado y con el sol ya "puesto en marcha" chicos listos) y cualquiera que diga que es verde está (cucú cucú) equivocado, claro que si yo dijera que el sol es el centro del universo o que los gnósticos se juntan en las playas a esperar ovnis, muchos me considerarían medio pirado[1] (o pirado y medio) pero las cosas no siempre se trataran del cielo, universo y buscadores de ovnis, siempre existe algo más complicado que eso y ese algo son, las relaciones interpersonales.

Ya suficientemente difícil hacemos la vida con nuestras babosadas como para darnos el lujo de creernos Paul Ekman resucitado (irónicamente, ya que el Dr. no está muerto... Todavía) y esto aplica para todos, incluso para los que no saben ni quien es el Dr. Ekman, ni cómo se come le lenguaje corporal.[2] ¿Qué quiero decir? Bien, es sencillo, ¿Cuántos de ustedes no han malinterpretado un gesto, una mirada, una frase, etcétera? ¿Y por qué? Bueno, sea cual sea la razón, el chiste es que a todos nos ha pasado, la otra noche estaba con mi sobrino ayudándole con su tarea, fui paciente pero se notaba como la paciencia se escapaba de mi ser cuando de pronto mi hermana comento *Entonces niños no, ¿verdad?* A lo que le respondí muy idiotamente ¿*Por qué me molestas si he logrado con Darío (mi sobrino) mucho más de lo que tú has hecho?* El

---

[1] Persona que está loca o ha perdido el juicio. Nota autor.

[2] Paul Ekman es considerado el buda de las micro y macroexpresiones en el mundo. Nota compilador.

comentario de mi hermanita no fue mal intencionado, pero así lo tome, no me di el tiempo para decodificar bien las cosas y le escupí lo que tenía dentro, todo por no escuchar, ni observar, ¡por percibir mal! Y pensándolo bien recuerdo como hace mucho tiempo veía, sentía y pensaba que todos estaban empeñados a molestarme o fastidiarme, era muy sensible (bueno, mucho más) y me creaba una imagen pesimista y negativa de la vida, del mundo, de mi familia y de mí. Gracias a mis amigos y mayormente a mi terapeuta/amigo/maestro/payaso pude "cambiar mis lentes" y eso es precisamente lo que se tiene que hacer, cambiamos los lentes y cambiamos nosotros mismos (nos amamos y el amor es muy poderoso) lo cual crea una reacción en cadena y se cambia el ambiente, bien lo dice Facundo Cabral *"El bien es mayoría, pero no se nota porque es silencioso. Una bomba, hace más ruido que una caricia, pero por cada bomba que destruye, hay millones de caricias que alimentan a la vida"*.

Reto a todos los que hayan conocido verdaderamente el amor que me digan que no es cierto, que no es así de poderoso (ya que el bien es amor) e invito a todos los que tengan los lentes sucios a que agarren el pañuelo del amor y limpien sus cristales. Sólo es cuestión de darnos un suspiro y pensar ¿El mundo está así de jodido o así de jodido estoy yo? Y sobre todo, ¡COMUNICACIÓN!

El tiempo lo cura todo

Dicen que el tiempo lo cura todo, pero eso no es cierto, si me corto y le dejo la tarea al tiempo la herida seguro que se me infecta. La verdad es que no hay fórmula mágica para curar males de cualquier índole, no existen los atajos o caminos rápidos, se tienen que seguir un conjunto de pasos que nos permitan llegar a la solución, pero para eso se tiene que tener la cosa más importante, ganas.

Si tengo un problema, lo único que me hace falta es resolverlo, puede que me sienta perdido y atado a un limitado número de opciones, es lo que pasa cuando pega el estrés y sus evoluciones, y no hay problema con pedir ayuda, al contrario, es lo recomendable, el (nuevo) problema es tener la solución y no emplearla por miedo. Entonces ¿qué es lo que quiero realmente? ¿Mal gastar mi tiempo y el de los demás? ¿Alimentar mi neurosis? ¿Esperanzarme que me caiga el veinte, tipo Dr. House y solucionar mi vida de forma rápida y aún "*cool*"? Lo más difícil es reconocer que tengo un problema, lo más fácil es tener la solución y lo aún más fácil es emplearla, y aún así, paradójicamente este último paso es también el más difícil ¿por qué? ¡Porque así lo queremos!

Paso a paso, día con día, voy aprendiendo más y más, aplico todo lo que puedo a mi vida, y voy creciendo, es maravillosa la sensación y la experiencia, es fantástico crecer y buscar las virtudes que tanto se anhelan, es excitante vencer la seducción de la comodidad y los malos hábitos pero... ¿Por qué los que me rodean no piensan lo mismo? Un amigo me confirmó una vez una vaga idea que (yo) tenía acerca del crecimiento personal comparado con el crecimiento de mi novia en turno, yo lo pondré con una analogía: Imaginen que salen a correr una sombría y gris mañana de invierno, hay muchas personas que están corriendo, pero no les prestan mucha atención, notan que van a la par de aquellas personas y que éstas tienen un trote errático y poco usual, de pronto les dan ganas de adaptar un ritmo que les acomode mejor, algo que les sirva y que los haga correr más rápido, entonces buscan a un vendedor de noradrenalina —que es una naranja especial que tiene lo que busco— pero yo (o sea uno mismo) tengo que pelarla, masticarla y tragármela, acto seguido, correré tan rápido que parecerá que los demás se quedaron estáticos y después que están retrocediendo.

Son tantas las dudas que tengo en la cabeza, y tan pocas respuestas, que se me hace absurdo continuar con esta abrumadora avalancha de preguntas, ¿y todo por qué o por quién? Por la que fue mi novia... Lo más triste y doloroso es no poder caminar junto a esa persona que amas y de la cual te sientes amado, sólo por qué no quiere... P#!@ M@%&¬ sentí esa vez un madrazo[3] (con toda la expresión de la palabra y sin censura) noqueador del cual todavía tengo secuelas. Todo inicio cuando necesite saber en dónde estaba parado y saber qué onda con mi relación, digo, si se tiene que hacer la pregunta quiere decir que no anda muy bien que digamos, pero el chiste es saber que está pasando y partir de allí.

Nos citamos después de tres semanas de no saber nada del otro, y cuando la otra persona no tiene dónde ser localizada y uno sí, se tiende a suponer cosas básicas como

---

[3] Expresión mexicana que habla de un golpe. Nota compilador.

"de seguro me habla". Total, el chiste fue que de entrada un aire helado se aproximó junto con ella y a partir de ahí, la cuenta regresiva para el dolor. "Hablamos" (más bien hable ya que se limitaba a contestar "aja, sí, no, no sé"), le dije mis opiniones, y al final descubrí que no estábamos enamorados, ¡pero la amo! Y eso es más que suficiente ¿no? Algo que aprendí es que tengo que identificar mi amor y saber a qué le tiro[4], ok, la chava[5] no vibraba cuando la besaba, no veía un futuro en dónde yo estuviera junto a ella, no le interesaba en lo más mínimo mi mundo, ¡pero, un momento! ¿Acaso yo puse lo suficiente de mi parte? Por más que me gustaría decir que no, la verdad es que sí lo hice, y digo que me gustaría decir que no porque significaría que la responsabilidad de poder enmendar la relación caería sobre mí, y eso era justo lo que quería (hacer que la relación funcione), lamentablemente la situación fue otra, "María" (pseudónimo) no quería mi ayuda, no quería progresar y de paso no quería la vida (según ella), entonces, ¿vale la pena seguir así? Decidí que lo mejor para mí era no seguir con eso, aunque me duela tengo que seguir adelante sólo que ahora no estoy solo, me tengo a mi mismo y a Él (cualquiera que sea su nombre para llamar a Dios).

Puedo decirlo sin temor a equivocarme que aún la amo, pero no le tengo miedo a la soledad, que de hecho muy bien me hace falta la "Chole" hermosa, y no tengo miedo a desapegarme, quiero brillar y no quiero ni puedo permitir que alguien me opaque...

Hay que saber cuál es nuestro sentido, e ir más lejos de sólo cambiar los lentes, pienso que se trata mejor de

---

[4] Expresión mexicana que significa dónde estoy, qué quiero, qué busco.
[5] Muchacha.

culturizarnos, de incrementar nuestro coeficiente intelectual y nuestra inteligencia emocional, ya saben, después de todo nuestro cerebro dice que onda con las percepciones, así que mejor ataquemos desde ese flanco...

Fantasmas en la cabeza

Es que yo pensé, que tú pensabas, que él pensó.
Matte en la película animada Cars

Con el título de este escrito me acorde de Vilayanur S. Ramachandran, sí, el neurólogo que escribió hace un tiempo el buen librito *Fantasmas en el cerebro,* aunque él (en su libro) se mete más a la idea de la consciencia y cómo ésta crea fantasmas, ve más el sentido del Yo y sus repercusiones.

En realidad yo no escribiré sobre el sentido del yo y sobre la consciencia, sino sobre lo inconsciente que somos cuando creamos fantasmas en nuestra cabeza.

A qué le llamo fantasma (ya saben hay que definir) pues fantasma es aquello (cosa, situación o persona) que hace que nosotros pensemos en nuestra cabeza cosas que no existen, y, ¿qué pasa cuando creamos un fantasma?, pues le damos sentido a cosas que no son y nos imaginamos y creamos historias y tenemos Pensamiento Pasivo (PP).

Supongamos, tú vas con tu pareja por la calle, y de repente él o ella voltea, sólo por voltear y del otro lado de la acera va pasando una persona X, entonces tú dices mentalmente: "volteó a verla, le gustó, a quién se parece, será que soy feo o gorda, será que es más guapo o más atractiva. ¡No! Este o esta es un/a mendigo/a, será que ya no me quiere, sí, se me hace que algo trae, y algo me oculta".

Todo eso pasa en fracciones de segundo, y entonces le sueltas la mano y te enojas, tu pareja consternado/a te dice

¿Qué pasa? Y entonces tú, muy dignamente le dices: "No te hagas, sabes lo que hiciste"… y comienza el pleito.

Les ha pasado alguna vez algo así, ya sea que tú lo hayas hecho o que te lo hayan hecho, esos se llaman fantasmas en la cabeza.

Los fantasmas en la cabeza no son más que cosas imaginarias de las frustraciones pasadas, es decir, las malas experiencias de tu vida, las fotocopias y quieres asentarlas en alguna situación presente, no sabes vivir bien, te intimida ser feliz, te aferras a hacer de tu vida una vida miserable.

Muchas personas lo hacen para cualquier cosa que viven. No sólo en las relaciones de pareja, no importa si esta es heterosexual u homosexual, es la misma gata, los fantasmas se van apoderando de tu mente, de tu forma de pensar, de tu forma de ver las cosas, y al final, de tu vida en general.

Las personas a veces dicen "¡es que yo creí que tú habías dicho esto o aquello… me equivoque, pero es que diste a entender eso!" Si analizas la frase, en ambas ocasiones, "TÚ", tienes la culpa que él o la otra se haya equivocado porque no sabes hablar, cosa que es una estupidez en tamaño gigantesco, pues no es problema tuyo que él o la otra entiende cosas que tú no dijiste.

Ok, sé que algunas personas son tan cobardes que dicen mensajes escondidos en los mensajes que envían, pero lo mejor es preguntarle "¿estás diciendo esto, o aquello?" O hasta podríamos decirle ¡mira, yo entendí esto, quiero que me corrijas si estoy equivocado!

Los fantasmas te irán carcomiendo lentamente la cabeza, te harán hoyos profundos en el ser, te penetraran los tuétanos y la psique (alma, conocimiento, conducta) irá muriendo lentamente.

Los celotípicos tienen este problema, "es que yo pensé qué, yo oí ruidos como, pues es que tú sonreíste como para coquetearle, es que se te quedaba mirando como si ya se conocieran, es que esto, es que el otro", las ideas deambulan por sus cerebros y los hacen pedazos, creen que los otros o las otras quieren hacerles daño y robarles a sus parejas.

Sí, sé que tiene también que ver con el autoestima, pero eso es todavía más profundo que el autoestima, es una patología tremenda, que asesina a la pareja, que la desgasta, que hace que se pierda el interés de estar con alguien que mata lentamente y anula a las personas hasta dejarlas frías.

Anda, revísate, ten en cuenta que los fantasmas que creas te alejan de tu realidad y te acercan a tus pesadillas, sólo tienes que enfrentarlos, aceptarlos y así podrás vivir una vida mejor, con fantasmas, pero al final serán amistosos.

¿A dónde mandaré a Dios esta vez?

> Dios mío ayúdame a ser buena...
> Pero todavía no.
> Enfermera Jackie

Todo marcha bien, las cosas resultan como lo planeamos en el trabajo, la escuela, con nuestras relaciones interpersonales; actuamos como los hijos de Dios que somos, amamos, liberamos, creemos y construimos; e irradiamos luz y felicidad a cada minuto de nuestras vidas. No es parte de un ideal utópico, es una realidad que muchos hemos vivido, vivimos, y/o viviremos.

Pero cuando las nubes de la tormenta se comienzan a acumular, se presentan las complicaciones, sea porque no vimos que estaba nublado[6], no prestamos atención a que estaba nublado, no sabíamos que estaba nublado, no creímos que llovería a pesar de ver que estaba nublado, etcétera. El aguacero cae y nos empapamos.

Claro, mayormente no reconocemos que es nuestra culpa, hacemos rabietas, pataleamos, y culpamos a medio mundo, lastimando y lacerando a las personas, sean estas en su integridad o su imagen que poseemos. Sí, somos humanos, pero eso no quiere decir que "perversos" venga incluido en lo humano, hacernos daño no está en nuestra naturaleza, sólo en nuestra historia, no hay que confundirnos. El punto es que no es justo para nadie que

---

[6] O cualquier otra experiencia sensorial.

nos desquitemos con las personas cerca de nosotros, y ni hablar de lo sano.

Para empezar, no diré que la solución sea que fuéramos más responsables, eso es algo que se tiene que ser desde el principio, no una solución, cuando estamos estresados y vamos desde allí hasta la angustia, no estamos en la mejor posición para razonar, o al menos no siempre, y estamos vulnerables a un clima interior más emocional. Tomemos en cuenta de que existen 6 emociones básicas:

Miedo; Sorpresa; Aversión; Ira; Alegría; Tristeza y Asco

Estando bajos altos niveles de estrés, ansiedad o angustia existe una muy alta posibilidad de experimentar la ira como emoción principal (no en aparición, sino en duración), y cuando sentimos ira nos cegamos, surgen los instintos, y queremos destruir (ya que nos sentimos en un ambiente hostil), no basta con un simple "¡ya cálmate!" "¡Sé más responsable para la próxima!" Eso sería para evitar estar estresado (o sus evoluciones) desde un principio, no para cuando ya estas allí. Si tenemos una emoción, hay que dejarla salir, de allí su etimología proveniente del latín *emotio* derivado del verbo *emovere,* prefijo *e/ex* = separación del interior; *moveré* = mover, trasladar (separación del interior que se traslada [al exterior]).

También lo encontramos de manera más dinámica como perturbación o agitación, pero el fin es el mismo, tiene que tener un curso, un destino (un principio y un fin). Es por eso que la naturaleza de las enfermedades radica en la represión de las emociones, ya que reprimimos una parte de nosotros, por lo tanto, reprimimos nuestra identidad, nos negamos a nosotros mismos, y sobre todo los neurotransmisores ya se produjeron, a algún lado tienen que ir a dar.

¿Y qué hacer cuando estoy ofuscado por la ira? Algunas personas entienden que lo que se hace en ese estado no es lo que en verdad estaba en nuestras intenciones, pero no toda la gente es así, y no es trabajo de ellos ser así, lo mejor es hablar con el ser superior, y en nuestra ira, desesperación, ¡hay que mandarlo al carajo! Así es, decir "¡Dios, vete al carajo!". ¿Y esto para qué? Bueno, cumple múltiples propósitos:

Toda la ira que sientes se la entregas a Él en ese grito, esto para evitar que *destruyas* en tus alrededores; las personas si experimentan dolor, Dios no, y no hay que preocuparse por eso de blasfemar ([griego] *blapto* = ofender; *phemi* = hablar; *-ia* = acción) ya que no hay cosa más humillante y dañina para Dios que aquellos que gritan a los cuatro vientos (facebook, twitter, my space y google+) que tanto lo aman y las bendiciones que reparten a diestra y siniestra, siendo que son ruines, hipócritas, tacaños, etc., (obvio que no aplica a todos), Dios si comprende, aunque a veces se nos olvide.

La palabra *carajo* según la RAE[7] significa miembro viril, y el falo es la figura de poder más utilizada en nuestra sociedad, por lo tanto, se le estaría pidiendo a Dios ese poder que a nosotros nos estaría faltando. Pero integrando el *"vete al"* indicaría que lo estamos mandando a ese lugar específico, lo cual nos lleva al último propósito (y mi favorito).

El carajo es la canasta que se situaba en el mástil en los navíos antiguos, también conocido como *nido de cuervo,*

---

[7] Real Academia Española

mástil vigía, cofa de vigía, etc., y allí se designaba a un marinero para que fuera los ojos del capitán, quiere decir que le pedimos a Dios que nos guie, nos oriente, sea nuestros ojos, es decir, que lo necesitamos en lo alto de nuestro navío, para que nos saque de la tormenta y sea Él el que grite "¡TIERRA A LA VISTA!"...

Hace no mucho tiempo mi fe sufrió una precipitación, ya no sabía en qué o quién creer, o si debería creer en algo si quiera... Me enoje mucho y me desarmonice, pensaba ¿será tan importante creer? Pero esto tiene una meta (en sentido filosófico) más allá de lo que la lógica o la razón puedan alcanzar, me di cuenta de que no tenía que conocer sino caminar, dar un salto de fe o mejor dicho, navegar en aguas tortuosas con nubes negras y espesas, sabiendo que todo estará bien siempre y cuando no suelte el timón y tenga a Dios en el carajo.

.

Dios es para los jodidos

"Sólo conozco dos tipos de personas razonables: las que aman a Dios de todo corazón porque le conocen, y las que le buscan de todo corazón porque no le conocen."

Blaise Pascal

Dios mío ¡ayúdame! ¿Por qué me haces esto Dios? Pero esto fue porque Dios así lo quiso... Quejas, exigencias, protestas, se puede escuchar y ver de todo cuando Dios no cumple con nuestras expectativas, cuando parece que nos ha abandonado y dejado a nuestra suerte, "ahí se ven, ahí los dejo, y que el más vivo viva del más tonto", lema que reza mi bisabuelo, mensaje que según él, dijo Dios. Me son interesantes estos tipos de temas, como ex ateo, entre creyente y perdido, me parece que poseo ambos puntos de vista, aunque en plena batalla.

Las dudas que más me perturban son las que involucran la conducta humana por supuesto, y es que me parece fascinante la enorme incongruencia entre la sintaxis mental y las necesidades inmediatas. Vivimos en una cultura que se basa en principios hedonistas, empiristas e individualistas, en donde Dios queda como una vieja costumbre, un tema de conversación u objetificado y vendido por las enormes iglesias que sólo buscan pode, dinero y "éxito"; donde la mayoría no sabe y no quieren saber qué rollo con Dios, sólo aceptan pasivamente lo que les han dicho, cualquier cosa que les de placer y aleje el dolor, cualquier cosa que les brinde seguridad comprobada por nuestros sentidos, cualquier cosa que "me" sirvan "a mí".

Existe mucha gente que habla tan apasionadas del tema, sin siquiera pertenecer a una iglesia, ser activos en la religión que han elegido, o, sobre todas las cosas, tener un mínimo conocimiento de Dios, gente que tiene odio en sus pensamientos, rencor en su corazón, o pereza en la vida. Son personas que han decidido vendarse los ojos y hacer lo que les "plazca", curiosamente aunque no les guste (trabajar en algo que desprecian sólo por el dinero, estudiar algo que no quieren sólo por el dinero que se podría ganar), con tal de honrar a su "nuevo" dios, el dinero.

Son esas, personas de éxito, que siguen el plan trazado por miles de generaciones pasadas, haciendo las cosas como "tienen que ser", pensando lo que "tiene" que pensar, y que es obviamente, "lo correcto". Personas que son "mejores", que son alguien en la vida porque poseen un título, una buena camioneta, mucho dinero, etcétera, y todo gracias a ellos mismos.

Pero, ¿por qué si todo va como "tiene" que ir, es gracias a uno mismo, y si todo se torna gris, es culpa de la mala suerte?

Actualmente me encuentro en una encrucijada, me conozco un tanto ingrato, racional desde mis últimas etapas de adolescente (creyendo que eso sería lo mejor), sumergido en lo comprobable y tangible... Rechace a Dios cuando tuve 16 años, y a pesar de tratar de creer en el nuevamente a los 18 años, fue en vano... Sin embargo, el lado emocional e intuitivo que quise desterrar de mi ser, me decía algo, cosas que simplemente encajaban, una buena frase en una película, un valor tratado en una serie, el mensaje de una voluntad inquebrantable en un anime, que aportaban directamente algo en mi vida, algo que necesitaba. Le llamaba señales de la vida, después, me presentaron a Dios, y supe que ese sería el nuevo nombre que le daría...

Sólo cuando estamos al límite, podemos realizar un cambio trascendental en nuestro ser, pero tenemos que saberlo, aceptarlo, vivirlo... De nada sirve llamarlo en malos ratos, si no se comparten los momentos geniales, no hay magia en eso; de nada sirve una revolución si no se le dará fuerza y seguimiento, de nada servirá Dios si sólo se toma como pastilla metafísica y se dejara al olvido en el acto siguiente, de nada sirve Dios si estando en la cima olvidamos quién es o lo mencionamos por moda...

Este es el escrito mas difícil que he hecho hasta el momento, por un lado siento que es una nueva era para mí, de cambio y aceptación espiritual, por el otro siento que traiciono una parte de mí, lo cual es chido considerando que esa parte fue construida en gran medida por el inconsciente colectivo... Pero, ¿por qué creo en Dios? Porque elijo hacerlo, además, ya lo estoy conociendo.

Los amo a todos y que Dios los bendiga.

El valor de un minuto

Hemos olvidado que nuestra única meta es vivir y que vivir lo hacemos cada día y que en todas las horas de la jornada alcanzamos nuestras verdadera meta si vivimos... Los días son frutos y nuestro papel es comerlos.

Jean Giono

Hay trescientos sesenta y cinco días (cincuenta y dos semanas, doce meses) en un año, cada día está compuesto por veinticuatro horas que a su vez, cada hora se compone de sesenta minutos y por último un minuto se compone por sesenta segundos...

El tiempo ha existido desde la creación del universo —o como lo diría Einstein— "es un fino telar tiempo/espacio que se entrelazan y crea la estructura del universo". Sin este telar no existiría un lugar para la materia, y, en pocas palabras, no existiría nada. Siempre irán de la mano el tiempo y espacio, no sería muy agradable que nos citaran a las cinco de la tarde sin decirnos en dónde, o que quedáramos con un amigo de ir al cine sin saber a qué hora o por lo menos el día.

Sin embargo esta es una visión muy cosmológica, y en la vida aplicada parece tener otra connotación, un tanto distorsionada que a mi parecer ha terminado en: Tiempo = Apego.

Cuando niños, exprimíamos cada segundo que tenía que ofrecernos el día, ya avanzando en edad, nos fuimos insensibilizando de ciertas cosas, ya era más difícil que nos sorprendiéramos de la vida, nos acostumbramos a las cosas y comenzamos a ir discriminando muchos eventos de nuestra vida cotidiana, así terminamos percibiendo Dos mil de los Cuatrocientos mil millones de bits/segundo de información que procesa nuestro cerebro que recibimos a través de nuestros sentidos.

¿Pero qué ha sucedido? Cuando llega la adultez con todas las responsabilidades que esta acarrea, terminamos abrumados por la cantidad de cosas que tenemos que hacer. Pues como diría el buen *Merovingio* en *The Matrix Reloaded* "Ya claro no hay tiempo, ¿quién tiene tiempo? Sin embargo si nunca nos tomamos el tiempo, ¿Cuando dispondremos de él?". Y tiene razón, es cuestión de administrar nuestros pendientes, dejar de "perder el tiempo" en cosas no productivas y jamás dar por sentado que lo hemos visto o vivido todo.

Pero no todo termina allí por supuesto, está todavía el tiempo antes de tiempo. Claro que tenemos cosas que hacer, y para eso se asigna una fecha en especial, y lo que nos termina sucediendo a la gran mayoría es que vivimos en el futuro a costa del presente, si sé que es domingo y el sábado tengo que entregar una tarea, ¿para qué preocuparme de cómo me la calificarán ahorita? Mejor, primero hago la tarea y después veo que onda. Apuesto que muchos de nosotros tenemos en la cabeza las fechas límites de nuestras deudas, que el cinco el teléfono, el veintiuno la colegiatura, que los abonos chiquitos, ¡ah! Un sin fin de tonterías más, y eso es lo que son... tonterías. Una cosa es planear y otra es irónicamente perder el tiempo pensando en él, ¿acaso no podemos ver todo lo que se puede hacer en veinticuatro horas? ¿Para qué vivir tres días adelante si lo importante es aquí/ahora? (Sujetándonos a las cosas negativas por supuesto).

Al concepto de tiempo como lo conocemos popularmente me gusta llamarlo ilusión, algo con lo que nos sentimos a gusto pues es algo más que controlamos o al menos eso creemos (de ahí lo de ilusión), no olvidemos que es una herramienta solamente, algo que usamos estratégicamente y a veces sin notarlo, de cualquier forma el mejor tiempo para hacer las cosas es el ahora. A veces no nos damos cuenta del bosque por los árboles que lo tapan, si queremos tiempo para nosotros mismos, basta con un minuto para darnos cuenta de que es un pleonasmo, ya que mi tiempo es mío y para mí, todo lo demás que me angustie y me impida crecer no vale la pena vivirlo.

¿Y tú, cuánto tiempo tienes?

La culpa no es del indio, sino del que lo hace compadre

> Existen tantas cosas que no comprendo, como es de esperarse claro, pero sigo teniendo esta astilla en la mente que no puedo retirar.
>
> Carl Gustav Jung

Existen diversas teorías, posturas, normas, reglas, leyes, doctrinas y un sinfín de "cosas" que nos dicen día con día cómo somos, quiénes somos, qué somos y lo que deberíamos hacer, y la mayoría difícilmente se ponen de acuerdo.

No puedo evitar el pensar "*What if?*"[8] Sí nuestro cuerpo fue sometido a los procesos de evolución y supervivencia del más apto, nuestra psique también, ¿no es así? Encuentro congruente el hecho de tener un inconsciente colectivo de un modo más místico que simple influencia social, después de todo, todos y cada uno de nosotros es el resultado de la combinación del código genético de Mami y Papi y ellos a su vez, de sus propios padres, si se puede heredar rasgos de la personalidad, temperamento y características específicas, tanto habilidades como composición fisionómica, ¿quién o qué nos dice que todo termina ahí?

Es aterrador pensar que nacemos como lienzo en blanco y estamos a la merced de la sociedad, eso diría que estamos predispuestos a que cada individuo o grupo de individuos que tenga contacto directo o indirecto con

---

[8] "¿Y sí?".

nosotros dejara su pincelada personalizada, y no siempre del modo agradable. Y dejando a un lado todo lo consciente, ¿podemos contestar con toda la seguridad, quién soy? Cada que compartimos un momento con alguien más, estamos dando rienda suelta al intercambio de información, nos juntamos con los amargados y poco después compartiremos su sombría óptica, nos juntamos con los intelectuales y nos daremos cuenta de nuestra ignorancia, nos juntamos con los reggaetoneros y perdemos tres cuartos de cerebro y el respeto por la mujer. Todo cambio que realizamos es tan sigiloso y tan paulatino que pensamos ciegamente que es nuestra decisión, si es que llegamos a pensarlo.

Estamos tan indefensos...

Desde las épocas de antaño se han creado diversas divisiones que nos permiten catalogarnos a un conjunto de personalidades similares a la propia, y los géneros son muy variados y diversos, tomemos como ejemplo los géneros musicales más populares (¡ay dulce ironía!), los *metaleros* no se llevan con los *punketos*, los *rockeros* con los *grundg* y aparentemente nadie quiere a los *pop*, pero es tan entretenido ver como todos caen en la ilusión de ser únicos y especiales, la mayoría de los géneros musicales parten de la misma raíz, y los que no, se encuentra la manera de integrarlos. Cuando se popularizaron los *emo*, se autoproclamaron la música de las emociones, lo melódico y varias babosadas más, pero es absurdo pensar que ningún otro género, fuera de éste, pueda tocar canciones cargadas de melancolía, emociones negativas y hasta con un ligero matiz suicida.

En los 90's se lanzó la campaña masiva "sé original", "sé tú mismo", "no seas loser", acto seguido, el mundo se llenó de personas originales, únicas y con bases solidas de su género, ¡exactamente iguales!

Cada vez que echo un vistazo a mí mismo y a los "forasteros" (palabra horrible por cierto), me doy cuenta que tenemos una línea base del pensamiento, un estándar de lo que nos agrada y lo que nos desagrada, por ejemplo:

- Escuela, trabajo, iglesia, tareas = asco y güeva[9].
- Videojuegos/deportes, redes sociales, carros = genial.

Freud y Jung se entretenían interpretando los sueños uno al otro... ¡Para mí eso es monumental! Teniendo en cuenta de que mi compañero de un lado se entretiene picándose la nariz y se dedica a estar en facebook (un pasatiempo ligero vale, una forma de comunicación está bien, ¿pero dedicarse de lleno?) ¿Y qué nos hace diferente a ellos? ¿La cultura? ¿El país? ¡¿Absolutamente nada?! ¡¿Absolutamente todo?! Cada vez me voy convenciendo (o estoy abriendo los ojos) de que TODOS tenemos la firme capacidad de ser gigantes... ¿Por qué no la explotamos? En términos de genética versus ambiente, sigo pensando que el ambiente es el determinante en la forja de un ser humano, pero sólo porque la genética me da poco material para defenderla... La educación que ellos tuvieron desde temprana edad fue la determinante de su genio y de todo lo que éste abarcó.

Entonces, "what if?"... ¿Y si alguno de nosotros, cualquiera, hubiera recibido una educación similar? Lo más probable es que seríamos como ellos, pero... Lo que en verdad me astilla el cerebro es, ¿puedo acceder al conocimiento holístico de todas las personas anteriores a mí,

---

[9] Flojera.

de los que comparto mi línea genética? ¿Accesar a ese reservorio de conocimientos que compartimos como especie? Pienso que sí se puede, que sí podemos, y me aventurare a decir que todos los seres de luz y los seres libres de la historia lo hicieron.

¿Qué hace falta para ser así de grandes? Atacando por dos flancos (y uno más sencillo que el otro), meditar y hacer introspección, y por el otro... Hago una invitación a todos los cangrejitos que están arriba, en la orilla de la cubeta, a que nos tomen de la pinza a los que estamos hasta el fondo de ésta. ¡Conocimientos gratis para el que lo anhele! Basta de hacerla de sofistas, entiendo a las personas que viven de esto, pero a las grandes organizaciones no, sabemos que el sistema educativo en México está por los suelos, sabemos que el gobierno no lo tiene como prioridad, sabemos que habemos muchos pendejos, ¡¿por qué no hacemos algo?! Sé que hay mucha gente inteligente allá afuera, todos somos genios en potencia, ayúdenos... Nos harían un gran favor.

Recaudador de impuestos

> Vengándose, uno se iguala a su enemigo;
> perdonándolo, se muestra superior a él.
>
> Francis Bacon

¿Tuya? ¿Mía? ¿Te la presto? O... ¿Pásele pásele, dónde quedo la bolita? Podría ser asunto de broma estas cuestiones, pero cuando se emplean en nuestro *modus vivendi* se complican las cosas. La interacción humana es muy compleja, se requiere aunque sea una de X partes para complicarla, ¿pero por qué no dejarlo ahí? Si, cuando existe un conflicto en donde una persona se considera la víctima o afectada, usualmente lo que sigue es tomar represalia.

Yo *Fulanito* me sentí ofendido por lo que tú *Sutanito* hiciste, y por los míos te joderé la vida a discreción.

Ponemos en marcha esta pequeña bola de estiércol, que rodamos colina abajo, en donde todo el camino hay mas estiércol, y lo que es lógico, crece más y más dicha bola. Considero estas actitudes pueriles y nocivas, pero la verdad es que son sin mala intención alguna, las personas no se dan cuenta de lo que están haciendo, sólo se dejan llevar por sus más viles emociones, buscan una manera de satisfacer ese impacto causado por un conflicto con alguien externo que pierden la objetividad y de paso cualquier rastro de madurez, y lo que es peor, esa ironía de creer que nuestro conflicto interno es provocado por alguien ajeno a nosotros.

Es muy sencillo responder con un golpe a un golpe, lo mismo pasa con una mala actitud ante un desacuerdo, el problema es que no hay reglas cuando uno se siente en guerra, no se tiende a responder de la misma manera, nuestra sombra o ego negativo nos rogará por regresarle la ofensa con creces, y se crea este pseudo depósito bancario a "X" años con 10% de intereses mensuales, a nombre de cuanta gente "grosera" exista a nuestro alrededor, suena genial, si fuera económico, pero multiplicar un coraje y/o rencor es problemático, y más cuando se refleja en el soma (cuerpo), pero dejando a un lado lo somático daña nuestra percepción e imagen de los demás y hacia los demás, lo cual a la larga nos desarrollará una pobre integración social.

Soldados en el campo de batalla el objetivo es "ganar", demostrar nuestra superioridad es nuestra prioridad, el enemigo no merece clemencia, no se dejen engañar, así sean pequeños niños hasta ancianitas, todos son "el enemigo", una vez declarada la guerra (desacuerdos principalmente), por eso aquí les tengo el manual de protocolos a seguir en caso de que se encuentren en apuros (todo lo que se escribe a continuación es una ironía):

- Si la señora de la tiendita de la esquina te hace caras, no le compres más, eso seguramente la hará reflexionar ya que tu ausencia será catastrófica tanto para ella como para su bolsillo.
- Si un funcionario de nuestros diversos servicios tales como agua, luz, teléfono, etcétera, te tratan como si tan sólo fueras otro cliente más, maldícelos mentalmente y habla pestes de ellos, eso hará que ellos desarrollen cáncer… Si, ellos.
- Si un niño te ofende en su maldad y raciocinio, de contar con autoridad hacia ese niño repréndelo, de ser lo

contrario desquítate con sus padres, ellos ya saben de antemano la clase de monstruo que han creado y las broncas que tengas relacionada con esa pequeña bestia.

- Si has tenido un pleito superfluo con tu pareja termina inmediatamente con ella y publícalo en todas las redes sociales habidas y por haber, déjala que sufra por maldita/o, después de todo esa persona no tiene sentimientos y es tan egoísta que jamás te dio tiempo a ti, nunca hizo lo que tú querías, tú eres la voz de la razón que no escucho, tú, tú, tú, así que pelea sucio.

- Si en sus locuras de madurez tu pareja reconoce que se equivoco, no la aceptes hasta que voluntariamente decida humillarse, después corre a presumir a medio mundo cómo la tienes comiendo de la palma de tu mano. Cuando tengan un pleito nuevamente sé que te asombrará y no tendrás la más mínima idea de por qué fue, pero seguramente fue por su culpa, repite el paso anterior.

- Si cuando confesaste tu amor hacia una persona, no fuiste correspondida/o al momento, sigue con esa persona, si logras que te ame mejor, después déjala y cruza hacia el otro lado de la acera.

- Si tu familia ascendente (padres, tíos, primos, hermanos, etc.) no te cuentan cada pequeño problemita que tengan, es porque ya no te aman, y piensan mal de ti, son tan "inconscientes" que no se dan cuenta que satisfacer tu curiosidad y fomentar tu *metichismo* es una ofensa titánica. Busca dividir la familia en bandos de rojo y azul, después elije un color.

- Si algún compañero de escuela/trabajo se ganó tu mala gracia, cesa toda comunicación con esa persona, habla mal de ella y de ser posible inventa rumores, hazle caras, y sácale la lengua, eso demostrará quién es el que manda, y para nada esos actos hablaran del tipo de persona que eres tú.
- Si prejuzgaste a una persona, no es como tú esperabas y te decepciona, busca constantemente tener la mejor posición con los juegos de poder y pavonéate ante ella, hazle entender que si no cumple tus expectativas y de paso tus prejuicios, no tendrá el privilegio de tener tu buena gracia.
- Nota: Tener que hacer uso (o abuso) constante del contrato social.
- Si alguien osa ser feliz cuando tú estas amargado, lo hace adrede, es del tipo de personas que les gusta comer frente al hambriento, júzgalo y critícalo pesadamente, que se arrepienta de ser así y aprenda la lección, una cura de prudencia no le vendría mal.

Esto podría ser una versión muy caricaturizada de la ironía, pero tristemente se dan casos como los anteriores, personas que creen que esa es la mejor solución, o que piensan que esas actitudes son las adecuadas… Podrán ser normales, ya que la mayoría decide cual es el estándar, pero eso no significa que sea la manera de actuar de un adulto ni mucho menos la más sana.

¿Por qué será que se nos facilita más caminar por el sendero pedregoso sólo porque está más fácil su acceso? ¿Con qué clase de impacto queremos embestir al universo? ¿Tan difícil es crear armonía?

Imaginemos que queremos irnos de aventura, decidimos lanzarnos de mochileros (o trotamundos) a un país exótico, a la naturaleza. Llevamos en nuestra mochila cambios de ropa suficiente, herramientas para cazar y para resguardarnos, mapa y brújula para orientarnos, una guía de supervivencia, —lo elemental mi querido Watson—, sería lo más lógico, únicamente lo necesario, pues vamos de paso. ¿Se llevarían un Xbox 360 (5.13 kg), o un horno de microondas con extractor integrado (22.23 kg), o tal vez una sala de tres piezas (¿? Kg... Mucho)? ¡Claro que no! Serían objetos innecesarios que nos interrumpirían o estorbarían nuestra estancia e interacción con el ambiente.

¿Qué cargan ustedes en su mochila, odio, rencor, cólera, ira? ¿Es eso lo que quieren dar a los que los rodean? ¿Eso quieren regresar con creces? ¿Es ese el legado que queremos dejar? Después de todo, también estamos de paso... Demos una oportunidad al amor, rompamos esa horrible cadena de odio, y si queremos poner un impuesto, que sea al amor, de esa forma si tú me das diez de amor, ten la seguridad que te regresare once de amor, y así sucesivamente...

Sergio Antonio Morales Bustos

Nació en México el 18 de agosto de 1959.

Es ingeniero industrial y Psicólogo Clínico transpersonal. Trata el estudio de los potenciales más elevados de la humanidad y del reconocimiento, comprensión y actualización de los estados de consciencia unitivos, espirituales y trascendentes, son también conocidos como: Terapeutas Holísticos. Estudio la carrera de Ingeniería Industrial en el Politécnico Nacional. Comenzó sus estudios sobre Psicología en la UNAM terminando la carrera en la Universidad Tamaulipeca (UT).

Tiene Diplomados en: Diagnóstico Clínico Psicológico en la UT, Terapia Gestalt en el Centro de Entrenamiento Gestalt Fritz Pearls, Homeopatía en la Gran Fraternidad Universal, avalado por la Universidad Autónoma de Morelos.

PsicoNeuroEndocrinología en la Facultad de Ciencias Médicas de la Universidad de Rosario en Argentina y Diplomado en Psicobiodescodificación y bioneuroemoción, además de entrenamientos en Thetaheaaling nivel avanzado.

Actualmente dirige una empresa de Ingeniería en Pruebas No Destructivas con Radiación X y Gamma en la ciudad de Reynosa, es Psicólogo transaccional y Transpersonal y de ciencias alternativas en el Centro de Biocuántica transpersonal de la ciudad de Reynosa.

Es miembro emérito de Canah "un lugar de esperanza" donde comenzó su camino como terapeuta.

De la abundancia del corazón, habla la boca

Habla simplemente cuando sea necesario. Piensa lo que vas a decir, antes de abrir la boca. Se breve y preciso, ya que cada vez que dejes salir una palabra, dejas salir al mismo tiempo una parte de tu *chi* (energía). De esta manera aprenderás a desarrollar el arte de hablar sin perder energía.

Nunca hagas promesas que no puedas cumplir. No te quejes y no utilices en tu vocabulario palabras que proyecten imágenes negativas, porque se producirá alrededor de ti todo lo que has fabricado con tus palabras cargadas de *chi*.

Si no tienes nada bueno, verdadero y útil que decir, es mejor quedarse callado y no decir nada. Aprende a ser como un espejo. Escucha y refleja la energía. El Universo mismo es el mejor ejemplo de un espejo que la naturaleza nos ha dado, porque el Universo acepta sin condiciones nuestros pensamientos, nuestras emociones, nuestras palabras, nuestras acciones, y nos envía de vuelta el reflejo de nuestra propia energía bajo la forma de las diferentes circunstancias que se representan en nuestra vida.

Si te identificas con el éxito tendrás éxito. Si te identificas con el fracaso, tendrás fracaso. Así podemos observar que las circunstancias que vivimos son simplemente manifestaciones externas del contenido de nuestra habladuría interna. Aprende a ser como el Universo, escuchando y reflejando la energía sin emociones densas y sin prejuicios, porque siendo como un espejo sin emociones, aprendemos a hablar de otra manera, con el poder mental tranquilo y en silencio, sin darle oportunidad de imponerse con sus opiniones personales y evitando que tenga reacciones emocionales excesivas, simplemente permitiendo una comunicación sincera y fluida.

No te des mucha importancia y sé humilde, pues cuanto más te muestres superior, inteligente y prepotente, más te vuelves prisionero de tu propia imagen y vives en un mundo de tensión e ilusiones.

Sé discreto, preserva tu vida íntima, de esta manera te liberas de las opiniones de los otros y llevarás una vida tranquila volviéndote invisible, misterioso, indefinible, insondable como el TAO.

No compitas con los demás, vuélvete como la tierra que nos nutre, que nos da lo que necesitamos. Ayuda a los otros a percibir sus cualidades, a percibir sus virtudes, a brillar. El espíritu competitivo hace que crezca el ego y crea conflictos inevitablemente. Ten confianza en ti mismo, preserva tu paz interna evitando entrar en la provocación y en las trampas de los otros.

No te comprometas fácilmente. Si actúas de manera precipitada sin tomar consciencia profunda de la situación, te vas a crear complicaciones. La gente no tiene confianza en aquellos que muy fácilmente dicen "sí", porque saben que ese "sí" no es sólido y le falta valor. Toma un momento de silencio interno para considerar todo lo que se presenta y toma tu decisión después. Así desarrollarás la confianza en ti mismo y la sabiduría.

Si realmente hay algo que no sabes o no tienes la respuesta a la pregunta que te han hecho, acéptalo. El hecho de no saber es muy incómodo para el ego, porque le gusta saber todo, siempre tener razón y siempre dar su opinión muy personal. En realidad el ego no sabe nada, simplemente hace creer que sabe.

Evita el hecho de juzgar y criticar, el TAO es imparcial y sin juicios, no critica a la gente, tiene una compasión infinita y no conoce la dualidad. Cada vez que juzgas a alguien, lo único que haces es expresar tu opinión muy personal y es una pérdida de energía, es puro ruido. Juzgar es una manera de esconder las propias debilidades. El sabio tolera todo y no dirá ni una palabra.

Recuerda que todo lo que te molesta de los otros es una proyección de todo lo que todavía no has resuelto en ti mismo. Deja que cada quién resuelva sus propios problemas y concentra tu energía en tu propia vida. Ocúpate de ti mismo, no te defiendas. Cuando tratas de defenderte, en realidad estás dándole demasiada importancia a las palabras de los otros y le das más fuerza a su agresión. Si aceptas el no defenderte estás demostrando que las palabras de los demás no te afectan, que son simplemente opiniones y que no necesitas convencer a los otros para ser feliz.

Tu silencio interno te vuelve impasible. Haz regularmente un ayuno de la palabra para reeducar el ego, que tiene la costumbre de hablar todo el tiempo. Practica el arte de no hablar. Toma un día a la semana para abstenerte de hablar, o por lo menos unas horas en el día, según lo permita tu organización personal. Es un ejercicio excelente para conocer y aprender el universo ilimitado del TAO, en lugar de tratar de explicar con palabras lo que es el TAO.

Progresivamente desarrollarás el arte de hablar sin hablar y tu verdadera naturaleza interna reemplazará tu personalidad artificial, dejando aparecer la luz de tu corazón y el poder de la sabiduría del silencio. Gracias a esta fuerza atraerás hacia ti todo lo que necesitas para realizarte y liberarte completamente. Pero hay que tener cuidado de que el ego no se inmiscuya. El poder permanece cuando el ego se queda tranquilo y en silencio. Si tu ego se impone y abusa de este poder, el mismo poder se convertirá en un veneno y todo tú ser se envenenará rápidamente, perdiendo la paz.

Quédate en silencio, cultiva tu propio ser interno. Respeta la vida de los demás y de todo lo que existe en el mundo. No trates de forzar, manipular y controlar a los otros. Conviértete en tu propio maestro y deja a los demás ser lo que son, o lo que tienen la capacidad de ser. Dicho en otras palabras, vive siguiendo la vida sagrada del TAO.

La sabiduría del silencio interno, unificación conciencia

Sergio Antonio Morales Bustos

La Mujer Esencia del Amor
(Día del Amor y la Amistad)

La mujer esencia del amor.
¿Cómo imaginar el universo sin la mujer?
El mundo estaría desolado en el caos, vacío.
El amor sería una utopía, tan sólo una vaga idea.
Sin ellas, no habría vida. Ellas son la razón del ser.

¿Para qué una naturaleza de árboles y montañas?
De grandes ríos y lagos; de mares y cascadas.
¿Para qué el gran sol y la blanca luna?
¡Oh dios, que haríamos si no estuvieran ellas!

¡Por ustedes mujeres se mueve el universo!
Son lo más perfecto de la creación de Dios.
Por eso y para ustedes escribimos versos.
Fuente inagotable de nuestra inspiración.

Agradecemos a dios por vuestra existencia.
Benditas joyas, obra maestra del creador.
Si no existieran, nada tendría razón ni sentido.
Ustedes son la gloria y el cielo aquí en la tierra.
¿Cómo imaginar el universo, el mundo, el amor, la naturaleza; la vida misma y el eterno cielo, sino fuera por ustedes, sublimes y benditas mujeres?

Aún la religión existe gracias a ustedes las mujeres.

Ustedes son lo eterno femenino que genera la vida.
Eterno femenino representado por la creación.
La vida, la naturaleza, la madre, la esposa.
La iglesia, la familia, la belleza, la inspiración.

La perfección la bondad, la esencia.
Todo lo eterno femenino solo se manifiesta.
Y se puede entender a la luz de una palabra...
La palabra más bella de todas, el amor.

Ustedes son causa, nosotros los hombres efecto.
Son substancia, energía, la voluntad, revelación.
Son memoria y materia en el tiempo y el espacio.
Representando a las grandes diosas de la mitología.

Son fuerza creativa de la naturaleza y las estrellas.
Son la alquimia en el arquetipo de la gran obra y del secreto de la sabiduría de la piedra filosofal.
Son el eterno femenino de la llave maestra de la gran luz que otorga una la verdad de una madre.

Son las que permanecieron siempre con Jesús, el Cristo.

Aún cuando nosotros los hombres lo abandonamos, lo negamos ahuyentados por confusión y miedo.
Y ustedes anunciaron el privilegio de resurrección.

Mujeres que dan luz a nuestro tiempo y espacio
Son chispa divina y la magia que nos cautiva.
La palabra más hermosa del universo, el amor.
Siempre tendrá su sentido en las benditas mujeres.

El cáncer no es enemigo a vencer

Uno de los grandes paradigmas del cáncer, es que se trata de un último intento del organismo por sobrevivir, no para morir como suponen muchos, y de acuerdo con los principios de la homeopatía, es la energía vital la que actúa para curar. Pero para que nuestra energía vital actué, tenemos que decodificar el mensaje profundo del significado de ese crecimiento indiscriminado de células que sólo están tratando de defendernos de los conflictos emocionales que se desplazan en contra de nuestra alma, manifestándose en el *soma* (cuerpo), por vivir tanto tiempo distanciados de nosotros mismos.

El cáncer como tumor se instala como un acompañante que sustituye la soledad del alma. El mensaje tiene que ver con equilibrar nuestra energía psíquica, emocional y espiritual para que la energía vital se active.

Desde el punto de vista existencial, las personas que sufren por resentimientos, odios, frustraciones, quedan atrapadas en una soledad que desconocen, es decir, no se percatan de esos estados que los llevan a una soledad interna, tal vez no siempre es externa. La soledad interna es el resultado de vivir separado de mi mismo y la manera de darse cuenta es porque sufro y hago sufrir a otros sin darme cuenta de eso.

Esa soledad produce un vacío existencial que debe ser llenado con algo y para llenarlo, mi mente inconsciente me manda un mensaje constante de que debo llenar ese vacío con amor, alegría, bondad, ternura, etcétera. Pero como me rehúso a perdonar y perdonar-me, genero y activo un "algo que le dé sentido a ese dolor o sufrimiento, es decir, un algo que le dé sentido a esa soledad que no reconozco" Al generar un tumor pareciera que invento un enemigo contra mi cuerpo, pero en realidad es un "algo", que se genera para llenar ese vacío. La gran contradicción surge por la necesidad de suprimir al aparente enemigo llamado tumor.

La cultura y la medicina tradicional occidental nos han llevado a creer que se debe suprimir e incluso matar con radiación, pero en realidad la radiación mata células vivas, y en ocasiones, a las células cancerosas también, pero el problema de fondo es que la radiación podrá apaciguar o matar al tumor, pero no mata la energía que generó ese tumor y es probable que pueda aparecer con el tiempo ahí mismo o en otro lugar del cuerpo. Si comprendemos el dolor que generó ese tumor que nos acompaña para dar sentido a la soledad, identificaremos las cosas con las que tenemos que llenar ese vacío, y por experiencia con pacientes les aseguro que ese cáncer puede ceder. No hay garantías pero el cáncer se detiene o se extingue muchas de las veces y el umbral de vida aumenta de manera asombrosa aun en casos de condenados a morir. La persona con cáncer no es condenado a morir, ni un condenado a que maten partes de su cuerpo, es un alma que estaba en soledad y sólo tiene que polarizar y transmutar el acompañante de su soledad.

El cáncer, se presenta cuando el ser que sufre, tiene un ahogo emocional, originado por la rabia y frustración que le produce, la soledad, el miedo a ser criticado, herido y rechazado; se reprime la alegría de vivir y expresar lo que no le gusta de sí mismo, de los demás y de la vida.

Con el tiempo, los bloqueos del alma sufriente, alteran la bioquímica del cuerpo que debe eliminar cada día células muertas y gastadas y residuos que quedan del metabolismo, pero esas emociones rígidas que provocan culpa, vergüenza y frustración, quedan atrapadas en el torrente sanguíneo transformadas en toxinas y por consecuencia se instalan en algún órgano, sin encontrar salida. El cáncer más que una enfermedad, es la consecuencia de la práctica del desamor a uno mismo.

Por otro lado, recordemos que conciencia tiene que ver con un ego aplacado, mientras que mente tiene que ver un ego alimentado y bien nutrido. El ego con sus elementos de apego, ignorancia y enojo, procesará en la mente la información de acuerdo con los arquetipos inherentes como "Dios" relacionándolo con una sombra que es "castigo divino" o el arquetipo "karma" con una sombra de consecuencia, etcétera. Cuando el paciente decide estar sentado en su silla de autocompadecimiento, es porque además ese vacío, hace que se sienta solo y necesita reconocimiento, por lo tanto, atraerá con su enfermedad o cáncer, a las personas que lo rodean para aplacar de manera externa esa soledad, porque alguien tendrá que estar al pendiente de él. Por lo tanto el tumor llena el vacío interno y las personas sustituirán su soledad externa. Esa autocompasión que sólo tapa la sombra que crea culpa inconsciente. Por lo tanto, depende del nivel de conciencia, o del tamaño de su ego, el poder darse cuenta, y más aun, comprender y decodificar el mensaje de su inconsciente.

Por ejemplo, en el histérico en una neurosis donde sólo somatiza su angustia; pero en el introvertido o en algún otro trastorno la causa es más psicogénica que no es lo mismo que psicosomático. Y sus grados de evolución son muy distintos.

En la tendencia del pensamiento moderno respecto de las emociones y de la medicina Psicosomática, hay mucha gente que afirma que todas las enfermedades tienen su origen en las emociones. Yo en lo personal no lo veo de ese modo. Yo lo veo de un modo holístico, es decir como un todo. No existe una causa única e invariable, sino la suma de varias causas y entre ellas la emocional, pero no como causa, sino como vínculo. Es decir, yo no pretendo afirmar que lo mental-emocional sea la causa del cáncer, es más bien que el cáncer tiene VÍNCULO con lo emocional y lo mental (la forma de pensar), pero también existen factores ambientales, estilo de vida, predisposiciones genéticas, predisposiciones miasmáticas, tipo de alimentación, capacidad de respuesta fisio-endocrino-inmunológica del cuerpo y la suma de todas se vuelve causa. Por otro lado, el lugar físico donde se manifiesta tiene un alto grado de representatividad y simbolización respecto del vínculo con las emociones y la pisqué, porque se materializa físicamente, dejando que sea el cuerpo el que manifieste las cosas no expresadas por la conciencia y mediante un crecimiento desmedido de células que se encargan de llenar con tumores, los vacíos existenciales de los impulsos vitales que quedaron atrapados y que tienen que ver con libertad, autorrealización; es decir, dejar de hacer cosas que se hubieran querido realizar y no se llevaron a cabo por el temor a los mandatos sociales, éticos, religiosos y el sistema de creencias personales nacidas del "deber ser y tener que ser" que reprimieron anhelos del alma. Pero, lo aclaro, todo esto que menciono es un vínculo con lo mental-emocional y que he comprobado con muchas personas.

Una de las más grandes pistas en la curación de un cáncer, es el CAMBIO DE ACTITUD, que se logra con una evolución de la consciencia. El cambio de actitud tiene un impacto Psico-Neuro-Endocrino-Inmunológico (PNEI), que restablece el desequilibrio que se activo en estos sistemas, provocado por la "Entropía" (desorden de un sistema cerrado), acelerando un equilibrio que activa la energía vital para que el enlace bioquímico de los ejes entre los sistemas mencionados, se armonice más que nada por la respuesta positiva del Sistema Inmunológico, que debe ser reforzado con alimentos que equilibren el PH o acidez de la sangre, ya que un estado alcalino evita la degeneración de células. Es decir, sumado al factor emocional, también interviene el estilo de vida que tiene que ver con la homotoxicidad y la creación de radicales libres, que pueden activar el mecanismo de la predisposición genética, que no debe confundirse con herencia, son dos cosas diferentes, ya que las enfermedades no se heredan, sólo se hereda la predisposición o lo que en homeopatía se conoce como miasma (predisposiciones de acuerdo a la genética), el biotipo y el factor constitucional del individuo, desde los cuales se valoran los síntomas mentales, que tienen que ver con la actitud y la forma de sufrir

Cuando me toca abordar esta situación con gente de bajos recursos, me ha costado mucho trabajo por sus esquemas limitantes, que comprendan que dentro del estilo de vida, uno de los factores más importantes es el asunto que tiene que ver con alimentación —por la cuestión del PH (estado alcalino-ácido)—, y les demuestro que lo mismo que gastan en alimentos chatarras y mala alimentación, lo pueden cambiar por alimentos más saludables, pero no es tan fácil, por la costumbre del mal hábito y por otro lado de manera increíble, acá en México, hasta la gente más pobre, tiene mejor celular que el que yo uso. Hay cosas tan sencillas para nivelar el PH como tomar un jugo de limón con bicarbonato. Hacerte un licuado de yerbas verdes de las más baratas como perejil, acelga, cilantro, alfalfa y apio, para modificar un poco el PH por la clorofila, pero repito, si los que tenemos más recursos y menos ignorancia se hace difícil llevarlo a cabo, a ellos más.

El cáncer, es sólo un mensajero, un compañero y una herramienta que invita a tener ese cambio de conciencia que equivale a entrar en el camino de iluminación-ascensión.

Lo siguiente es para reflexión: Nuestro intervención debe conducir a que el paciente comprenda que:

- El cáncer no puede aniquilar el amor.
- No puede quebrantar la esperanza.
- No puede corroer la fe.
- No puede destruir la paz.
- No puede matar la amistad.
- No puede suprimir las memorias.
- No puede silenciar el valor.
- No puede invadir el alma.
- No puede robar la Vida Eterna.
- No puede extinguir el espíritu.

Por ética, fe y amor, NUNCA, un médico o terapeuta, puede establecer plazos o límites, porque no tiene derecho a quitar la esperanza.

Vamos a hablar del supuesto "príncipe cáncer", que se cree señor de los pulmones, varón de la próstata; que se divierte arrojando dardos a los ovarios tersos y a la matriz generadora; a las ingles multitudinarias y los pechos que nutren, siempre visitando su fábrica de sueños llamada ganglios. Ese dizque señor cáncer, señor solitario que busca hacerse notar y crecer a nombre de otros; es un usurpador que por ser señor solitario, busca compañía, sin darse cuenta que es sólo un instrumento en las entrañas y manos oscuras, de los dulces personajes llamados órganos y células que luchan por la vida.

Por tanto, el cáncer no se debe tratar como enemigo, sino como una alarma que nos invita a amarnos y aceptarnos tal y como somos.

Marco Antonio Meza-Flores.

Presbítero, Teólogo, escritor y Psicoterapeuta Gestáltico Jungiano. Nacido el 18 de enero de 1977 en México D.F., pero de corazón michoacano. Estudio la Licenciatura en Teología en el Seminario Teológico Presbiteriano de México (STPS), Psicología en Universidad Tamaulipeca (UT) (dónde espera su titulación) y la Maestría en Psicología Clínica en la *Atlantic International University* (AIU); especializado en Conflictología y Sexualidad (parejas), Mundos Juveniles, por la UNAM, además en Psicología Clínica por la UT y Tanatología por el STPS.

Casado con Mayra, su segunda persona favorita con la que tiene dos hermosos hijos Isaac y Gadiel, amantes de la lectura y la escritura.

Actualmente es Director y Fundador de Canah "Un lugar de esperanza" Centro de Formación Integral de la ciudad de Reynosa, Tamaulipas. Traductor del texto Bíblico y escritor de Teología, Autoayuda, Poesía y Psicología de pareja, en revistas y periódicos.

Ha publicado artículos en "Enlace. Guía de tema para reuniones juveniles" (FARO, 2003), participó en la revista de *Religions for peace* con "Paz, paz, aquí no hay paz", (2011) y en artículos de cuidado psicológico de la persona y de parejas desde el 2010, colaboró además en la antología de micro cuentos *Dioses cortos y otros cuentos* editados por ALJA (2013). Publicó en 2006 su libro "*Principios de doctrina*" (Ginter Publicaciones), en 2014 salieron dos libros suyos: "*Entre amigos. Subiendo juntos al monte*" y "*Qué, cómo, cuándo, dónde y por qué. 50 Respuestas*" (Canah Publicaciones). Y actualmente tiene libros teóricos de psicología, además de poesías y una novela, todos ellos publicados por el sello de Canah editorial.

AMAR(TE) DUELE

> Porque no amamos a la persona,
> sino a lo que ésta simboliza.
> F. Nietzsche un diálogo con Breuer
> sobre Anna O.

En estas fechas de "paz y Amor", en donde se supone la gente está menos mal que bien, y que está dispuesta a darse para los demás, algunos de los pacientes me preguntaron, ¿cómo podía decir que "deberíamos perdonar a aquellos que nos hacen daño"?

Mi respuesta fue sencilla, ¡sólo hazlo y ya! Algunos me dicen, pues es sencillo para usted, usted es pastor, Dios está de su parte; esto no sólo me causa mucha gracia, sino que es un gran absurdo, creer que porque soy pastor soy "el padre alegría", es decir, un santo que anda cantando por el campo y dejando que otros idiotas se pasen de la raya con los más débiles, los más vulnerables o los que tienen una estima baja, no es sólo fatal y mentiroso, sino absurdo.

No sé de dónde saca la gente la idea absurda que los cristianos no nos enojamos, no mentamos madres, o simplemente no mandamos al demonio a otras personas, la idea absurda del Jesús "buena onda", es la idea de un Jesús inexistente, al menos, el Jesús de la

Biblia es un Jesús que muchas veces fue muy amargo para decir y hasta para hacer las cosas.

Jesús no sólo se enojo con algunos, sino hasta los insulto, basta leer los evangelios para que lo noten, en ellos encontramos a Jesús diciéndoles a los fariseos "sepulcros blanqueados, presumidos, hipócritas, ladrones, necios, ciegos guías de ciegos, serpientes", a su amigo Pedro le dijo agente de Satanás, a Herodes le llamó Zorra, y si eso no son insultos entonces qué son, porque no creo que sean palabras de aliento, al menos no en su época.

No compañeros, colegas, pacientes, clientes, feligreses y todos los lectores, el hecho que uno intente ser siempre amoroso no quiere decir que no se enoje, insulte y hasta haga caras, las cosas son como son y hay que llamarlas por su nombre, es decir, "al pan, pan; y al vino, vino".

Sé que no es tan fácil perdonar a aquellos que nos hacen daño, por eso el amor es amargo, no quiere decir que porque Jesús haya insultado a estas personas no las amaba, quiere decir que a veces uno se sale de sus casillas y entonces saca todo el ser insultador que tiene.

Jesús era Dios mismo y no por eso no se inmuto de lo que los "malos" (por así llamarlos) hacían. ¿Cómo callar las cosas que muchos de los compañeros psicólogos o pastores hacen para enriquecer sus bolsos?, me es imposible.

Jesús les hablaba con rudeza a los ricos "Ay de ustedes ricos", pero a los que estaban en la pobreza, a los sin rostro y sin voz, él les dio siempre palabras compasivas.

El amor no tiene que ver con ser lindos y dejar pasar las tonterías que uno hace, el amor es amargo muchas veces, duele y duele mucho, porque no amamos lo que las personas son, sino lo que éstas simbolizan, es decir, el valor que nosotros les damos, de allí, la importancia de ver el sentido de los demás.

De allí que "amar(te) duele", ¿cómo no te dolerá cuando tus padres se pasan de la raya e imponen sus ideas y además hacen de tu vida lo que ellos quieren y luego te dicen "estas mal"? ¿Cómo evitar que te duela cuando tú o tus hijos hacen de su vida un pepino, y ver cómo están aventando por la cloaca su futuro, y tú, por respeto no puedes meterte en sus decisiones? ¿Cómo no te dolerá cuando tus hermanos/as toman cosas tuyas y las maltratan? ¿Cómo no te ha de doler cuando tu mejor amigo o amiga hace cosas o dice cosas que se supone nadie debía saber?, el amar a los que se supone que es fácil amar (padres, hermanos, amigos, pareja, hijos) se convierte en una aventura cuando éstos cometen error tras error.

El amor muchas veces es muy doloroso, y como dijera Teresa de Calcuta, "hay que amar hasta que duela". Aunque hablaba del amor ágape un amor transparente que sólo proviene de la limpieza y el cuidado de la salud mental y Dios esta acompañándonos.

Amamos a las personas por el valor que les ponemos, a veces somos tan mezquinos que no amamos a aquellos que nos caen mal, que no piensan como yo pienso, y que no hacen lo que yo quiero que hagan, condicionamos el amor de ellos conforme nuestro egoísmo y nuestras necesidades.

Pero la verdad es que el "amor(te) duele", porque de eso se trata, no de que duela, sino de la entrega, de perdonar(me), de liberar(me) y de sanar(me), cuando lo hago por otro en realidad lo hago para mí; en la medida en que yo cuide a los demás, los demás me han de cuidar, es reciproco, la ley del *bumerán*.

Perdonar es liberar el dolor, ya lo he dicho muchas veces y es tan sencillo, sólo tienes que estar dispuesto a hacerlo y a pagar las consecuencias de esa decisión, que podría parecer muy loca, pero en realidad es muy sanadora, si no crees, por qué no lo intentas, comienza perdonándote a ti, amándote a ti y creyendo en ti, ese es un gran reto.

Te darás cuenta que amar(te) duele, no sólo amar al otro, sino a ti mismo, perdonarte por tus malas decisiones, pero hacerte responsable de ellas, comenzar a ver todas las cosas maravillosas que haces y que construyes contigo, aprender a brillar sin depender de nadie, y saberte amado por ti, cuando aprendas eso nada ni nadie podrá contra ti, porque el universo te hará entender que tú eres importante para ti y no necesitas de nadie para ser feliz, sólo de ti mismo, pero que es excelente compartir con los demás.

Comienza con ambos pies, deja atrás el pasado que no puedes componer y proyéctate al presente que debes vivir, el futuro no está escrito, lo construyes con tu presente, ámate, aliméntate, déjate caer y sobre todo entiende que la única forma de perdonar a los demás es "comenzando a hacerlo".

Amor y amistad
¡Puf, qué complejo!

El amor no se dice, se vive, cuando piensas que el amor puede plasmarse en una delicada palabra, llega una sonrisa y te mata la idea.

MAMF

Estamos próximos a celebrar el 14 de febrero en México, día del "amor y de la amistad". ¡Qué horrible, que tengamos que ponerle a un día la celebración que deberíamos vivir los 365 días del año!

Imagínense si celebráramos en el año, navidad y 14 de febrero todo el año, entonces no habría tanto problema, o al menos, se reduciría la tasa de mortandad en el mundo.

Añade a esto que no compras nada para celebrar, sino que regalas sonrisas, amor, abrazos, TIEMPO... cosas que sin querer no les hemos dado el valor correspondiente por miedo a darnos cuenta que lo que damos en cosas en realidad "no tienen valor".

¡Ya sé, ya sé! Parezco el Grinch de las fechas "bonitas", pero aunque no lo crean en mi consultorio tengo al Grinch en persona, ella es alta, guapa, y con un cerebro muy rico en cuanto a señalar este tipo de fechas que más que reflexivas son mercadológicas, y ella tiene razón, se ha perdido el valor del espíritu por buscar darle al espíritu un valor.

Ya lo he mencionado alguna vez en algún escrito, ¡no puedo decirles qué es el amor, pero sí, qué No es!

14 de febrero, "día del amor y la amistad", es decir, hay que comprar osos, rosas, chocolates y un sinfín de cosas para endulzar y no perder el día porque si lo hacemos entonces perdemos la secuencia de las cosas, y somos unos amargaditos o alguna cosa que se nos ocurra y no hay que perder el *glamour*.

Unos grandes del Rock mexicano escribieron hace ya algunos lustros una rolita muy rica que para algunos lectores es "*bien ruca*"[10] como dijeran, a ellos, los conocíamos en el barrio como "*los Botellos*", sin embargo, su nombre real era "Botellita de Jerez".

Pues hace un rato escribieron una canción que se titula "El Ropavejero" y reza más o menos de esta forma:

> Hice cuentas y he notado, muchas cosas que he guardado no me sirven y las tengo que dejar. El señor Ropavejero va empujando el tilichero y ahora mismo se las voy a regalar. Un pedazo de mi vida, una risa carcomida, un amor despostillado en un jarrón. Un cariño desgastado, un olvido postergado, tu recuerdo despintado en un cartel. Tengo retos empolvados, entusiasmos maltratados y unas ganas

---

10 Muy vieja.

rotas dentro de un beliz. Una crítica vencida, en muletas dolorida, un talento enmohecido en un sillón

//Hey, señor Ropavejero, tiene muchas cosas que cargar, los trebejos que me estorban, lo inservible lo que sobra, no lo vendo, se lo quiero.... regalar.//

Una dignidad cansada, un retazo de nostalgia, dos hilachos de criterio y de razón. Una historia apolillada, mi vergüenza ensangrentada, mil verdades remendadas de ficción. Una rebeldía sin filo y otras modas sin estilo, un colchón agujereado de pasión.

//Hey, señor Ropavejero, tiene muchas cosas que cargar, los trebejos que me estorban, lo inservible lo que sobra no lo vendo, se lo quiero.... regalar.//

Hey, señor Ropavejero, tiene muchas cosas que cargar, yo me quedo para siempre, lo que sirve y que se vende. Lo que vale en este mundo material, lo que vale en este mundo material, lo que vale en este mundo... material.[11]

Tremendo rolón, es realmente lo que sucede el 14 de febrero en muchas de las situaciones, compramos cosas materiales y vendemos lo que realmente sirve, sueños, placeres, risas y un sinfín de cosas que en realidad nos hacen ser "seres humanos".

Las nuevas formas de ver la vida se han convertido en baratijas de estantes, quien puede olvidar cuando con un gis, un tabique o incluso

---

[11] Botellita de jerez, *El ropavejero,* Álbum Forjando patria.

en la tierra podíamos hacer un avioncito y jugar todo el día, o jugar a las escondidas, o policías y ladrones y otros juegos que causaban alegría y risas.

Hoy todo debe ser sintético, debe ser computarizado y debe tener iconos, sino es así, entonces, o eres un *loser*, o un anciano.

Cada 14 de febrero nos remontamos a comprar cosas, compramos amistades, compramos amor, entendemos que entre más costoso, más amor; entre más grande, más significado; siendo que esto no es sólo mentira, sino traición a la esplendida libertad de ser humano.

Ya no hay compromiso, ya no hay reconciliaciones tan sencillas como un "la juntas o la cortas"[12], ya no existe un "zapatito blanco, zapatito azul"[13], o un "piedra, papel o tijeras", ahora casi siempre decimos, no tienes una granja en el *Facebook*, o ¡a poco no tienes los nuevos iconos del *messenger!*

En el juego del amor las cosas no se venden, no al menos en el juego verdadero de la felicidad.

Cómo olvidar aquellas cosas tan simples como una buena serenata, sin tocadiscos ni estéreos de autos, simple y llanamente con una guitarra y nuestras voces melodiosas, a lo mejor

---

[12] Que usaban los niños para terminar o unir su amistad.
[13] Para escogernos entre nosotros, y poder hacer equipos.

desafinadas, pero con toda la pasión dentro de nosotros.

El mercado nos invade, pocos son los que siguen creyendo en las buenas formas de expresar amor, pocos son los que siguen la tradición de ser "unos enamorados empedernidos", que mejor forma de decir "te amo" con una sonrisa, ahora queremos decir "te amo" con un auto, o un oso.

Esperamos 14 de febrero para comenzar a comprar cosas que al final sólo se vuelven trapos o utensilios inservibles. No quiero decir que no debemos comprar si queremos hacerlo, pero, ¿por qué esperar 14 de febrero? ¿Por qué no mejor hacerlo un 5 de mayo o un 13 de agosto? ¿Por qué un 14 de febrero? Sencillo, todos lo hacen, ese día es especial, pero ¿por qué?

Las amistades se forjan con el tiempo, no con cosas, sino con compañía, con amor, con seguridad, con caminar juntos, con comprensión, y sí, a veces un osito, una tarjeta e incluso una rosa hacen que las cosas se vuelvas y se vean más lindas.

La importancia del amor no debería darse en un día "conmemorativo", sino siempre. La importancia de la amistad se debe crear en cualquier lugar y en cualquier fecha, no en una especial, no hay fechas especiales para ser amigo, ser amigo es algo especial.

¿Es complejo decir te amo sin oso en la mano? ¡Claro que no! El oso no es más que material de adorno, no debe ser algo que nos obligue a decir "te amo".

Saben, en el consultorio me encuentro a personas que no saben decir "te amo", y que sólo lo hacen en fechas importantes, todavía no sé porque pierden el tiempo en no hacer lo que es correcto.

La amistad es algo que trasciende, que se da en cualquier momento, no sólo un 14 de febrero. A veces le damos tarjetas a alguien que ni es mi amigo, pero me tocó en el intercambio. ¡Cosa más absurda! Porque cuando le queremos poner algo en la tarjeta no sabes a veces ni cómo se llama a quien me toca darle el presente, y pasamos preguntando ¿quién me tocó, cómo se llamaba, cómo es?

El amor es trascendente porque se forma y forja, se cultiva en las hiedras venenosas de la verdad, y duelen, pero forman.

Es agradable saber que en estas fechas algunos reflexionan. Espero que cuando estés dando un regalo el 14 de febrero, no se te olvide que lo puedes dar también el 15 o el 16, o hasta el 20 de agosto, no esperes una fiesta para hacer lo correcto, lo que tu corazón quiere, lo que vale en un mundo real, que no es lo material, sino lo interno.

La complejidad del amor y la amistad se hace simple cuando dos almas se juntan y hacen que su luz brille, no esperes una fecha para que esa luz haga su trabajo.

Marco Antonio Meza-Flores

Camina conmigo

> El arte de caminar con alguien no es simplemente dar pasos, se trata más de esperar, cuidar, escuchar, observar, pero sobre todo soportar las vicisitudes que a veces se presentan en el camino, juntos.
>
> MAMF

Algunas de las personas que se presentan en el consultorio están frustradas porque su pareja ha dejado de caminar con ellos. Esto no sólo es malo para ellos, sino que es frustrante, pues están con alguien a quien no aman y no se separan por una infinidad de cosas, desde la comodidad de estar donde están, los hijos, el dinero, los bienes, hasta el miedo de quedarse solos.

Cuando uno contrae matrimonio se casa con todas las ilusiones de formar un nuevo mundo, uno que se haga hasta color de rosa si es necesario, es decir, construyen castillos de cristal con otra persona, con la idea que se cristalicen esas imágenes, es decir, que se hagan ciertas, son dos mundos completamente distintos queriendo construir un mundo "ideal".

El matrimonio es algo así como "el principio de la ilusión", y es precisamente eso, una ilusión, porque después llega la verdad presente, donde uno debe ponerse de acuerdo, cosa que por lo regular no se hace, pues tenemos por un lado a un neurótico y por el otro a una histérica (regularmente esos son los roles, uno manipula y el otro controla), y esto se vuelve completamente trágico.

La guerra por el poder se va haciendo cada vez más desgastante, algunos optan por hacer creer que "todo está bien", pues en el hogar "el varón es cabeza de la familia", texto absurdamente usado de la Escritura cristiana para decir que el varón manda, pues es más que la mujer, o tiene más fuerza, o gana más, o qué sé yo.

Pero en una sociedad posmoderna eso es absurdo, pues la mujer ha sobresalido en muchos de los aspectos, aunque todavía nos falta mucho, pues seguimos pensando que eminencia es igual a hombre, que héroes existen, pero heroínas no.

En el consultorio me topo mucho la idea que el hombre debe ganar más, o tener más títulos o ser más que la mujer, pero entonces dónde quedo la idea de "una sola carne" también de la Biblia cristiana, o sea que el texto se usa para unas cosas, pero para otras no, o qué sucedió.

Cuando comienzan las divisiones y conflictos el camino se hace complejo, las familias a veces (bien intencionadas) dan su punto de vista pero claro, éste, es completamente subjetivo, depende de dónde venga es el tamaño del "malo" en la relación.

Los amigos hacen lo mismo, dan su postura. Si son amigos de él y él se queja de ella entonces éstos dicen, "¡nombre tu vieja se pasa, mándala a la jodida, o dale un trancazo para que se calme, o mándala a la chin&%#...!", pero si es al contrario, es ella la que dice algo, las amigas dicen, "¡qué maldito amiga, por qué lo soportas, dejado, nosotros te apoyamos!".

No dudo de las buenas intensiones de las personas, pero esto no es simple, no es ¡ay sí, tú déjalo, y ya, total hay muchos o hay muchas!, se trata de una decisión complicada, caminar con alguien no es tan simple.

Caminar implica estar de acuerdo en ir por la misma acera; estar de acuerdo no es pensar igual, sino llegar a un fin en común. Caminar implica ver los dos hacia enfrente y ayudarse a salir; no es empujarse, es sostenerse; no es ver quien tiene más poder, sino cómo podemos crecer juntos; no es meterse zancadilla, sino impulsarse a ser mejor.

Caminar implica riesgo, aceptación, amor. La idea absurda de caminar del otro lado de la acera no sólo es mentirosa y absurda, sino que es una realidad incompleta, no se puede caminar con alguien del otro lado de la acera, si hiciéramos esto entonces estaríamos caminando solos.

Camina conmigo es lo que le pides a la pareja, no es sólo caminar, se trata de llegar a acuerdos, de vivir las ideas del Rabí de Nazaret que decía "donde dos o tres SE PONGAN DE

ACUERDO allí estaré yo", eso quiere decir el texto, la idea no es estar juntos simplemente, sino estar juntos pero no revueltos, estar juntos pero saber por qué estamos juntos.

Arriesgarse a caminar, es dejar de quejarte del otro, y tratar de crecer tú, para que la pareja se fortalezca, creer que el otro tiene la culpa de tu estrés, tu ansiedad, tu angustia, tu miedo, tu coraje, etcétera, es dejar de hacerte responsable de tus cosas y regresar a la idea egotista de todos están mal y yo estoy bien.

Regularmente eso pasa mucho en las parejas se culpan uno al otro, ¡es qué si tú hubieras hecho, o hubieras dicho!, o también se adivinan el pensamiento ¡es qué yo pensé que tú habías dicho, o habías pensado!, y con tantos "es qués" que le ponemos a la relación, ésta termina desgastada y muchas veces rota.

Sin embargo, existe algo real en caminar con otro, cuando vienen las vicisitudes es más fácil manejarlas, "dos cabezas piensan mejor que una", recita la Biblia en uno de sus libros: "mejor dos que uno, pues si uno callera quien lo levantaría, pero cuando hay dos y uno cae, el otro lo puede sostener de la mano y ayudarlo a levantarse".[14]

Caminar con otro u otros/as es impresionantemente hermoso, caminar con la persona que amas es divino, sólo se hace a través del amor *ágape* ese tipo de camino, un

---

[14] Eclesiastés 4:9-10.

amor completo, entregado, sin mancha que está por encima del *eros*, *filos*, *storgé*, un amor lleno de ganas de vivir, un amor como el de Dios.

Camina conmigo es la expresión que le puedes dar a muchos amigos y amigas, a colegas, a maestros, y hasta a alumnos; pero en el momento en que tú se lo pides a quien quieres que sea tú pareja eso deja de ser un simple camino, comienza a ser una de las aventuras más grandes que vivirás.

Es donde te arriesgas, lloras, caes, te levantas, sufres y te liberas; el camino se vuelve largo y sinuoso, pero a la vez, placentero y tranquilo, la paz es parte de él pero algunas veces habrá guerra, hay miel pero también habrá hiel.

El camino de pareja es un camino en donde dos almas se unen para crear un ser espectacular y hermoso llamado PAREJA. Este ser tiene vida propia, se mueve, se duele, llora, se queja, crece o mengua, pero nunca muere hasta que aquellos seres que la formaron, la asesinan. Claro que si es que se puede llamar así, pues en realidad yo soy de los que cree que nunca muere, sólo se transforma o muta.

Pero me gustaría dejar en claro ¿Qué es pareja? La pareja se constituye no al firmar un papel civil o al casarse por la iglesia, la pareja comienza a ser pareja cuando ésta comienza a planear cosas a futuros y las sellan haciendo el amor y teniendo sexo.

¿Cómo es eso? Simple, hacer el amor no tiene que ver simplemente con tener una relación sexual en donde exista el coito; sino con la formación de valores y principios en común que los forman como seres humanos.

Cuando la pareja se consolida, lo que comienza a hacer es planear castillos en el aire y después sellan eso teniendo sexo, o como dijéramos románticamente "haciendo el amor en la cama" y construyendo esos castillos en su realidad.

La idea de creer que Dios hizo una institución llamada matrimonio es absurda, Dios creó el matrimonio, pero la institución la hizo el hombre, Dios no crea instituciones, él o ella crea estilos de vida.

Toda institución está hecha para un fin (que regularmente es lucrativo, por mucho que nosotros maticemos las cosas), pero la familia está hecha para crecer juntos, para crear, para entregarse, para caminar.

Dentro del latín podemos encontrar "Familia = Esclavo", pero también encontramos "Familia = Núcleo que cubre todas mis necesidades". Entonces escoge, en dónde te quieres situar, en esclavo o en núcleo cubierto.

Camina conmigo es precisamente dejar de pensar que vas solo o sola por la vida, que no hay un complemento, aprendes a entender el "te amo" que es limpio, se arriesga y se compromete, muy contrario al "te quiero" que conlleva a dos cosas, y ambas son muy egoístas: 1) Querer de poseer y 2) Querer de sentimiento.

Cuando uno aprende a ver a la persona que lo hace sentir completo debe caminar con ella, a veces habrá problemas, habrá pruebas, es más habrá hasta separaciones, pero cuando uno quiere caminar con alguien sólo basta con decirlo y si ese alguien está dispuesto entonces caminen, arriésguense, eso es amor, eso es decidir amar a pesar de no conocer el futuro, eso es fe, es ver las cosas que no son como si lo fueran, eso es creer, porque aquel que cree, crea.

Por lo pronto yo te invito a que tú, camines conmigo, ¿te arriesgas?

Marco Antonio Meza-Flores

La persona detrás del rostro

> Regularmente las personas escondemos nuestros miedos, amores y fantasías creyendo que así podemos huir de nuestros demonios, fantasmas, arquetipos o mecanismo de defensa, lo interesante es que mientras no los aceptes, seguirás huyendo de ti mismo.
>
> MAMF

Cuando pequeños construimos en nuestro mundo un mundo metafórico o imaginario, no es simplemente por culpa nuestra, nuestro entorno coopera mucho, desde el comienzo con la relación con nuestros padres, después nuestros hermanos, amigos del barrio, compañeros de escuela, novias o novios, profesores, etcétera, cada uno de ellos construyen dentro de nosotros la necesidad de crecer, menguar, destruir o crear.

El mundo lógico viene después, el mundo de la completa racionalidad y el estilo aristotélico de "dos premisas una conclusión", hace que prontamente olvidemos las metáforas, y hagamos más fácil, o más complicadas las cosas y las formas de hacerlas, desgraciadamente como pensamos es como comenzamos a tener también nuestras relaciones interpersonales.

Al pasar el tiempo las cosas se ponen más rudas, tenemos desde el hecho de aprender a desprendernos de nuestro pensamiento, hasta el hecho de hacernos patos y dejar que el pensamiento se aproveche de lo poco o lo mucho que hacemos.

Es entonces cuando comenzamos a coleccionar mecanismos de defensa, podemos ver a alguien escudándose del por qué no hizo algo o por qué sí lo hizo; desplazamos culpas, hacemos altruismo para pagar esas culpas, o podemos ver a un jugador de fútbol americano sublimando su homosexualidad o al genio intelectualizando su actitud.

Comenzamos a crear y creer que el tipo de mi sueño es un barbaján y además es feo (la mentada sombra de Jung), o también vemos a un hombre sabio que siempre nos acompaña (el anciano o el *animus*) o la mujer que siempre nos salva o por lo menos nos previene (anima).

Así vamos creciendo y le vamos dando la mano a la antipatía; al correr o huir de las situaciones que podríamos enfrentar; al dejar de abrazarnos; de decirnos cosas bellas, y comenzamos a poner las máscaras (como dijera Octavio Paz en el *laberinto de la soledad*), todo por el simple gusto de entrar en el círculo de los demás y ser aceptados.

Podemos ver a personas que llegan con su sonrisa diciendo que "están de maravilla" cuando todo su cuerpo dice lo contrario, me gusta cómo lo dice Eckhard Tolle, cito:

> "La felicidad es un papel que representamos, mientras que detrás de la fachada feliz hay una gran cantidad de sufrimiento".[15]

Eso sucede mucho dentro del consultorio, muchas personas están mal y llegan con su cara de felicidad, si nosotros no nos damos cuenta de eso podemos hacerle mucho daño, en lugar de curarlos haremos iatrogenia[16] y entonces se pone más complicado el asunto, las personas van a ser aliviadas, restauradas o sanadas no a enfermarse más.

Las personas usan máscaras, al grado que el contrato social (Rousseau) hace que la necesidad de aceptación sea tan grande que hasta se abruman, y contraen enfermedades que ellos podían haber sanado, ¡claro! si ellos hubieran estado atentos a la perdida de personalidad que iban teniendo y que poco a poco iban dejando a un lado.

Y es de suponer que lo hagamos. Persona en griego significa eso máscara, y eso lo que muchos hacen, se ponen su personalidad (máscaras) y caminan por la vida enseñándolas,

---

[15] Tolle, Eckhart. (2005). *Una nueva tierra, un despertar al propósito de su vida.*, México: Grupo Norma, p.86.

[16] Es cuando el médico que se supone tenía que curarte, te enferma.

haciéndose pasar por lo que no son y a veces por lo que no quieren ser.

Pero persona también quiere decir "Completa por sí misma" en latín (*per-se una),* esta forma es exquisita si la miras desde lo más positivo y óptimo. Una persona es aquella que se entiende y se acepta COMPLETA, es decir, con todos los altibajos que tiene y con todos los triunfos también.

La idea es dejar de ser tan hipócritas (es decir, dejar a un lado el contrato social) y parece difícil, pues a veces tendríamos que mentir para no lastimar a las personas, pero si uno lo ve desde otra perspectiva, no es necesario esto, no debemos mentir para sentirnos mejor, sólo debemos matizar los comentarios para no herir a otro u otra, es decir, debemos pensar antes de hablar.

A qué me refiero con matizar, no es lo mismo decir "¡qué tonto eres, o qué estúpido te viste, o eres un idiota, o como hoy día se dicen, qué wey eres!, a decir ¡creo que no te viste de la mejor manera, o, creo que te equivocaste en lo que hiciste o en la forma en que lo hiciste!, las cosas matizadas siendo verdad son igual de impactantes pero no hieren, o al menos, no tanto.

La persona detrás del rostro debe ser exactamente igual al rostro, ¿es complicado?, claro que lo es, ¿no es muy claro que nosotros tendemos a mentirnos a nosotros mismos?, en el consultorio "los pacientes siempre mienten" (ya lo dijera Ph.D. House), ellos están haciendo esto porque quieren esconderse de ellos mismos y de aquellos que los han de criticar.

La idea de esconderse no es nueva, con el posmodernismo vino también el "consumo, luego existo" y con éste la idea que "Soy alguien cuando Tengo algo, si no Tengo no Soy, y por lo tanto no merezco que se me respete, no estoy completo y no soy alguien".

¿Cuántas veces no te paras frente al espejo y odias lo que ves?, pregúntate, ¿cuántas veces quisieras que la persona frente al espejo desapareciera? O peor aún ¿cuántas veces lastimas a la persona que está frente a tú espejo y te escondes en lujos, títulos, cosas materiales, etcétera, pensando que entre más aparentes lo que no eres serás más aceptado?

Aparentar no es más que un juego de ego que te flagela hasta aniquilarte, te va presentando la realidad en partes pequeñas y no es aceptable, ¿pues no das el ancho? ¿Quién te dijo eso? ¿Tú mismo? ¡Claro que no! Tuvo que haber un detonante, pero lo peor es que le creíste a ese detonante.

Muchas veces la gente quiere huir, ¡todos lo queremos hacer! Es más fácil esconderse que afrontar el dolor, es más fácil no aceptarse, es más fácil señalar, lo complicado es detenerse, dejar de huir, afrontar lo que viene, crecer en los aspectos más importante y menos cuidados, como son, lo espiritual, lo interior, lo personal.

La persona detrás del rostro tiene que ser aceptada para convertirse en una persona real, sin máscaras, simplemente, ¡Completa por sí misma! ¿Qué te van a señalar? ¡Claro que lo harán! Regularmente los "normales" siempre hacen eso, siempre señalan a aquellos que no quieren ser iguales a los demás.

Pero qué importa qué van a decir de ti, siempre dicen, siempre hay gente bien "opinionada", siempre habrá gente que tenga la buena disposición de señalarte lo inútil que eres o lo mal que te comportas.

Pero no dejes de sonreír, también habrá gente que te eche porras, que te diga ¡chiquitibum bombita! O un ¡A la bio, a la bau, a la bimbomba! O sea, siempre habrán personas dispuestas a correr el riesgo contigo, personas que ya se cansaron como tú de esconderse, de aparentar, de querer siempre ¡causar buena impresión!

Recuerdo a una persona que decía siempre, ¡vístete bien para que la gente se lleve buena impresión! Y podría ser real, en el mundo posmoderno en donde importan más las apariencias que las realidades puede funcionar, pero ¿cuánto tiempo? La gente se dará cuenta que no eres más que un actor más de farándula, un monito más de circo.

La idea es ser tú, con todas tus problemáticas, sin esconderse, sin tapujos, tal y como eres. La idea es que debemos aprender a hacer las cosas correctas, correctamente.

Eso es lo complicado, verte frente al espejo y ser tú mismo, sin esconderse y sin máscaras, esperando ser la mejor versión de ti; compites contra ti mismo, no contra nadie más, al final del camino sólo te enfrentarás a dos personas, él o la creador/a y tú, y, por supuesto, no puedes quedar mal con ninguno de los dos.

Cuando te veas frente al espejo recuerda que no hay nadie como tú, eres único e irrepetible, nadie puede decirte que eres de segunda categoría, o que no eres aceptable, solamente cuando aprendas a ser tú mismo, entonces y sólo entonces podrás entender que la persona detrás del rostro es exactamente como tú la planeaste, una persona llena de sueños, brillante, hermosa, una persona que cuando los demás ven su rostro, sólo pueden ver la luz que hay en él.

El empujón de un imbécil

A veces caminar con imbéciles no
es del todo fatal, lo fatal sería que al
final del camino las personas
creyeran que ese es su camino.

MAMF

La idea de este escrito se dio porque escuche un chiste, muy entretenido, bueno al menos a mí me gusto, y dice:

"Era un rico que dijo: Yo no conozco a un hombre valiente, pero quien atraviese la piscina con pirañas le daré, un millón de pesos... nadie contesta. Después dice, ok, le daré un millón de dólares... y nadie. Después subió la oferta, le daré 10 millones de dólares... y nadie se atrevió: Entonces dice: 10 millones y esta casa. En ese momento se escucha como alguien se lanza a la piscina de 50 metros y la cruza. El tipo aplaude, baila, y va contento y dice: Señor que valiente es, cumpliré mi palabra. En eso, el tipo que se aventó, algo atontado después de la nadada comenta: ¡qué valiente ni que ocho cuartos!, ¿quién fue el imbécil que me empujo?".

Es posible que a muchos no les causa risa, pero cuando uno es clínico sabe a qué se refiere alguien cuando dice "es un imbécil". Imbécil se puede definir de dos formas: 1) Como patología (enfermedad, dolor, consecuencia, sensibilidad o afecto) que ya en la psicología clínica podemos darle una definición de "debilidad mental" o "medio retraso" y, 2) Palabra latina que significa "Sin bastón", llamado así a las personas que eran viejas (ancianas) que por alguna razón no tenían bastón y en realidad lo necesitaban pues no podían sostenerse.

Contemporáneamente un imbécil es aquella persona que necesita apoyarse de los demás para poder caminar.

Ahora, esto es metafórico, sin embargo, muchos de nosotros necesitamos alguna vez que alguien nos sirva de apoyo, necesitamos un bastón, es decir, nos convertimos en imbéciles, y eso no es malo.

Lo malo es cuando vivimos la vida siendo imbéciles, es decir, no queremos sostenernos por nosotros mismos, sólo buscamos que otros nos carguen las culpas, los dolores, las tristezas, etc., somos imbéciles en potencia y queremos que los demás se conviertan en eso.

Muchos clínicos saben que los pacientes a veces quieren ser imbéciles de por vida, algunos no les molesta pues seguirán pagando, a otros no les interesa pues es su vida, los pocos queremos que la gente sane y se vuelva funcional para ellos mismos.

La imbecilidad es una enfermedad de muchas personas, las costumbres de vivir una vida tan enfermiza se da porque el paciente no quiere darse cuenta, y cuando lo hace, no quiere rendirse, sigue en un círculo vicioso que nadie lo saca si él no quiere.

Facundo Cabral me agrada cuando dice que nosotros sólo debemos cubrir un frente, el de los Pend%&$s, pues es el frente más peligroso y más lleno de personas.

Aunque parezca grosero, es una realidad cruda, la mayor parte de las personas se pasan la vida quejándose de lo que no tienen y no ven lo que tienen, además de eso el mentado contrato social "qué dirán los demás", los absorbe, los convierte en personas que sólo buscan satisfacer a los demás, no sólo en imbéciles, pues no pueden caminar si no hacen el protocolo señalado por los demás.

Psicoanalistas no tocan a sus pacientes pues no es parte de su técnica ni de su protocolo, Gestálticos que a veces no quieren analizar los contextos históricos de los pacientes pues deben recordar que lo importante es aquí y ahora, teoterapeutas que no hacen nada por actualizarse... podríamos seguir con la lista, muchos de los especialistas en áreas de salud mental no dejan el contrato social, ¿cómo queremos que lo hagan nuestros pacientes?

Los imbéciles son personas que necesitan un bastón, pero a veces se hace una dependencia de imbéciles, uno necesita ser escuchado y el otro necesita hablar, dos personas co-dependientes una capacidad loca de vivir entre enfermos.

Ahora, esto no quiere decir que porque vivas entre enfermos debes estar o ser enfermo, recordemos que la idea de "Estar" habla de algo que adoptamos y la de "Ser" nos menciona la esencia de cada persona.

Los imbéciles se juntan con imbéciles y los sabios con sabios, pero qué pasa cuando un sabio camina con un imbécil, lo más probable es que ese imbécil termine siendo un sabio y no lo contrario, regularmente el poder del amor es más poderoso si se usa con sabiduría.

El hombre del chiste uso algo clave para atraer al público "una necesidad cubierta", es decir, usa la necesidad económica y la cubre con dinero y una casa y entonces sale el valiente, que en realidad no era tan valiente sólo "¡lo empujaron!".

Sin embargo, esto no es tan malo, a veces también necesitamos que haya un imbécil para que éste nos proyecte o nos impulse, a veces ver a otro más jodido me despierta y me hace pensar que yo no quiero ser como él o como ella, apenas la idea de pensarme tan jodido como él/ella me aterra. Es gracioso pero real, a veces (como mencione), necesitamos un empujón, otras un empujonzote y otras más un empujoncito, pero no podemos vivir la vida siendo empujados siempre, en algún momento nos dolerá la espalda.

¿Qué pasa entonces con aquellos que quieren vivir la vida de empujones? Nada, no puedes hacer nada por ellos, sólo caminar, ellos en algún momento se pierden, no saben qué hacer, cuando ellos se enfrentan a tu potencial, a tus necesidades, a tus dolencias y carencias huyen, siempre es así, de allí la vieja y tonta frase "siempre hay un roto para un descosido", pero como siempre he dicho, "un roto y un descosido sólo hacen harapos", es decir, hacen garras, ropa raída y que no sirve.

A qué me refiero, el imbécil no quiere que otro sea imbécil, no quiere sostener, quiere ser sostenido; no quiere ayudar, quiere ser ayudado. Se siente tan miserable que no le interesa el dolor del otro o la otra sólo piensa en él o ella, no le interesa lo que la otra persona quiera, sienta o necesita, sólo quiere sentirse bien él o ella, por eso actúa de ese modo.

La idea de crecer es una idea hermosa pero no es una idea imbécil, es una idea completamente sabia, pero con alto riesgo de peligrosidad, porque para esto debemos quitarnos la ropa de imbécil y eso implica comenzar a crecer y dejar que los sentidos fluyan y que otros se den cuenta de lo que siento, de lo que quiero, de lo que soy.

Eso es lo más peligroso, que otros sepan quién soy y qué clase de persona soy, el miedo de descubrirme me hace daño, me da miedo y me limita a no hacer nada, el protocolo del "qué dirán" me consume y mejor me quedo callado y sigo jugando el juego diabólico de "así soy y qué, nunca podré cambiar, o pobre de mí nadie me entiende".

Y sí, el miedo de descubrirme me da miedo, el miedo a ser descubierto es peor, pues éste es devastador y aniquilador.

El imbécil es aquel que puede empujarte a ser mejor, te dará un empujón para que te arriesgues, para que veas tu potencial, para que veas el riesgo y midas tu capacidad, cuando te des cuenta que sí podías cruzar la alberca de pirañas y ganar confianza de ti agradecerás al imbécil.

Al principio será molesto, pues ¡no querías hacerlo!, pero cuando veas las ganancias y la sabiduría agradecerás que esos imbéciles estuvieron allí en el momento apropiado, en la hora apropiada, y con la piscina apropiada.

Marco Antonio Meza-Flores

El peso del perdón

> El perdón no es olvidar, es liberar el dolor.
>
> MAMF

> El perdón libera el alma, se lleva al temor, es por eso que el perdón es un arma peligrosa.
>
> Nelson Mandela

Alguna vez han escuchado la frase "¡me es imposible perdonarlo!" o aquella que dice "¡me hizo mucho daño, ¿cómo puedo perdonarlo/a?!" u otra más "¡No, no puedo perdonarlo, eso es imposible, no definitivo, no puedo!"; yo la escucho seguido en el consultorio.

Hablar de perdón en un mundo tan violento es complicado y hasta resulta imposible para algunos. Sin embargo, sé que eso no es imposible, a algunos nos cuesta años poder hacerlo, a otros meses, unos más lo hacen en días y los más sanos en horas y hasta en minutos.

Pero entre los que están muy mal existen aquellos que pueden durar toda la vida y no lo logran porque no hay quien los guíe, o lo que es peor, no se dejan guiar, pero todos y cada uno podemos alcanzar el gozo de poder perdonar.

Podrían pensar que estoy loco, que digo incoherencias o incongruencias, que me falta un tornillo, o que no estoy bien de la cabeza, cómo perdonar a aquellos que me hacen daño, ¿cómo? Es más fácil odiarlos, dañarlos, lastimarlos, vengarme de ellos.

En realidad si es más fácil hacer eso, los caminos más transitados resultan ser casi siempre los caminos más fáciles de tomar, pero aquellos que no están tan concurridos a veces tienen muchas espinas, dolor, o están cuesta arriba, entonces es muy complejo subir.

Dentro de esos caminos está el camino del perdón. ¿A qué me refiero al hablar de este camino? Algunos de los pacientes siempre me piden "ayúdame a olvidar esto que siento", mi respuesta hasta el día de hoy es "No puedo", pero "Sí puedo ayudarte a que lo aceptes y camines con él, si puedo ayudarte a quitarle el poder que le has dado para que él (el problema) te oprima".

El perdón es un PROCESO (aunque a algunos no les guste), y debe ser quitado de raíz, encontrar el problema no siempre es tan sencillo, uno puede confundirse, más cuando no trabaja las cosas de la psicología clínica, a veces psicólogos generales, laborales y educativos creen que por el simple hecho de tener un título de Psicólogos ya pueden entender una patología, pero eso no es cierto, los libros no siempre son la clave, claro que te dan fuerza, te ayudan a aprender a hacer mejor las cosas, pero no siempre son la solución al problema.

También me he topado con pastores y consejeros que creen que porque tienen un título (que regularmente ellos se adjudicaron y no se los dio el pueblo, o un estudio serio en una escuela de verdad) pueden evaluar a las personas y darles terapia, creen que un consejo es terapia, nosotros (los terapeutas) no aconsejamos de forma subjetivo, damos soluciones de vida reales y cimentadas en la realidad y en la ciencia.

Hablar del perdón no es nada más desde el lado espiritual, muchas veces es más por el lado de la psique (conducta), el espíritu se daña cuando la psique no se resuelve, antes no, el perdón es importante porque nos da fuerza para poder seguir adelante, en cambio el rencor es un lastre que nos oprime.

El peso de la opresión no nos deja respirar, es como una lápida en mí ser; como una aplanadora sobre nuestro pecho que no deja que los pulmones tomen aire, por ende no hay forma de respirar.

El perdón es simple, se hace una vez y para siempre, se da porque quiero ser libre, no porque quiero liberar al otro (que en realidad sucede esto pero no es mi fin), el perdón es por mí, porque quiero crecer, quiero amarme, puedo amarme y valgo amarme.

La opresión es algo muy distante y muy distinto, las cosas se dan de otra manera y el resultado es completamente diferente, las cosas se dan y se dañan cuando la opresión o el rencor es el poder que me mueve a vivir.

Sin embargo, acostumbrarse es la solución para muchos:

> Una gitana le está leyendo las cartas a un joven y le dice: Te irá mal los siguientes 15 años; El joven contento le dice y después, la gitana contesta: Después te acostumbraras.

Muchas personas que están en consulta se dejan llevar por lo que nosotros los terapeutas o los médicos les decimos, como si nuestra palabra fuera una cosa mágica o fuera ley, esto, a la larga, se convierte en un apego, y como ya hemos dicho muchas veces, "los apegos son malos, muy malos".

El chiste pasado es real, algunas veces pensamos que es mejor acostumbrarse a vivir una vida llena de coraje, odio o rencor sin saber que eso sólo carcome el alma. Comenzar amándose para amar a otros es el primer paso para la libertad, no existe nada fuera de lo común, sólo debes amar y dejarte amar.

Al consultorio muchos llenan cargados de rencor. El rencor no es más que la tendencia a hacerse daño (más que al odiado) y lo peor es que nos recreamos en ese daño, es decir, a parte de crearnos daño, lo seguimos haciendo cada vez más y más.

El odio es la inclinación a exterminar, o pensar que exterminamos al otro, y nos desgastamos, pues protestamos que el otro esté vivo, creyendo que no lo merece. Esto en realidad sólo nos hace sentirnos vacios, y sin fuerza.

En realidad las personas que tienen dificultad para dejar de odiar a los demás es porque ellos no se han dejado de odiar, por ende, no se aceptan a ellos mismos.

Mandela lo dice con elegancia y puntualidad: "El perdón es un arma, ¿para quién? Para quien sabe perdonar, y entonces podemos ganar más, no reaccionar no es sinónimo de debilidad, sino todo lo contrario, es sinónimo de fuerza".

Dentro de la escuela a veces los alumnos son groseros, y muchos de ellos creen que porque uno no tiene una reacción (como muchos otros maestros) es porque uno es débil, pero en realidad no es así, el trabajo de los burros es rebuznar, es necesario que dejes que lo hagan. Es más fácil reaccionar que no hacerlo y regularmente el que reacciona es más débil, pues hace precisamente lo que tenía que hacer.

Les digo a los chavos que cuando ellos van a un zoológico y un monito les hace señas y ellos se enojan y se meten a la jaula a golpear al mono deben de preguntarse ¿quién es el simio?

Esto es metafórico, no quiere decir que te vas a meter a la jaula, quiere decir que no puedes enojarte con un mono porque hace lo único que sabe hacer, "monadas", y si te enojas con él te conviertes en alguien menor que él, pues el monito hace lo que debía hacer, tú, tienes la opción de no hacerlo.

Lo mismo pasa con el rencor, tú tienes la opción de dejarlo a un lado y caminar en otra dirección. La elección es tuya, de nadie más.

Por lo regular crecemos culpando a todo el mundo por nuestras actitudes, si me enojo decimos "¡me hiciste enojar!" o "¡me hicieron enojar!", cosa más mentirosa, la decisión la tuve yo y nadie más. Si me enoje es porque quise hacerlo, no porque alguien me obligó a hacerlo, la decisión de perdonar y dejar el rencor a un lado no depende de nadie sino de mí.

De allí que el perdón sea un arma mortal. No sé que pase muchas veces en la vida de cada uno, pero sí sé, y hasta podría afirmarlo que mientras el "contrato social", sea una médula en la vida diaria entonces será más difícil, la gente te dice: "¡y lo qué te hizo, o lo qué te dijo, yo que tú!" Pero en realidad ellos no hacen ni harían nada, sólo escudan su miedo a tener que ceder.

El rencor no te lleva a nada, sólo te pudre por dentro, mientras que el Perdón te da ánimo, genera Serotonina, que rejuvenece; el rencor genera Cortisol, que envejece.

Hoy debes preguntarte, ¿vale la pena perdonar a quien me ha hecho daño? ¿Seguiré teniendo el rostro de un viejito a mis 20 años? No sé, posiblemente si dejas de hacerlo podrías encontrar la sanidad que tanto has buscado. ¿Cómo lo haces? Es un PROCESO; pero se puede, sólo debes creer y cuando creas entonces el universo entero creará la sanidad en ti y en los que te rodean.

El plan perfecto
Tener un hijo, escribir un libro, plantar un árbol

La vida es aquello que planeamos mientras ésta va pasando.

John Lennon

He peleado la buena batalla, he ganado con fe, ahora me dirijo al centro de la vida.

Pablo de Tarso

La vida es tan fenomenal que aunque la muerte llega, ésta sigue en pie, sino me creen pregúntele a Cristo, que ha caminado conmigo todos estos años, mientras algunos afirman que está muerto o colgado en una cruz.

MAMF

Pareciera que el día comienza de manera fenomenal, he cumplido mis 34 primaveras y comienzo a vivir, comienzo a abrir los ojos, comienzo a ver con claridad, por primera vez mis ojos son abiertos a mucha cosas que estaban en penumbras y todo ha sido porque me deje caer y cuando hice esto, deje el control de mi vida al Creador/a, y él/ella, ha estado conmigo en todas y cada una de mis decisiones.

Las personas nunca o casi nunca están de acuerdo con alguien como yo, ¡estoy loco!, pero como dijera otro loco, ¿quién no lo está?, he disfrutado de las delicias de la vida, he viajado, he escrito (escribido dijera mi hijo), tengo dos hijos y he plantado un árbol (o más de uno).

Mi padre (Manuel Meza-Coria) siempre decía, si quieres vivir en paz y ser un humano completo debes: Tener un hijo, escribir un libro y plantar un árbol. Estas cosas ya las he realizado y pensé en echarme a tierra y rascarme la panza, pero no fue así, no era tan sencillo, no era tan barato, ¿mi papá se equivocó?, ¡claro que no!, más bien, yo no había entendido el plan, hasta hoy.

La idea de ser o hacer las cosas conforme uno cree es maravillosa, pero la idea de dejarse caer y ver cómo Dios te da alas, es fenomenal, porque esa idea se hace realidad cuando en realidad "te dejas caer".

Despojarte de ti y comenzar a dejar que él/ella crezca es maravilloso, pero loco, él/ella es fantástica, pero no cabe en un mundo tan neurótico, el costo es complejo, el mundo es bueno, que digo bueno, es exquisito, al grado que Cristo se hizo carne y otros iluminados se han hecho dioses.

Parece fantástico lo que digo, porque ¿cómo que otros se han hecho dioses? ¡Claro! Se han despojado para que él/ella crezca. Cuando eso pasa, el universo se mueve y entonces dejas de ser humano, y te conviertes en él/ella, no podría ser de otra manera y ahora que lo pienso creo que al mismo tiempo en realidad te haces humano.

El plan perfecto no radica en riquezas, en fama o fortuna, no radica en salir en las primeras planas de la prensa, o en la TV, o en ser el número uno en todo (o creer serlo). Creo, hoy creo, que el plan perfecto radica en dejarte caer, en dejar que él/ella sea en ti y tú seas en él/ella, es decir, menguas mientras él/ella crece.

Entonces ¿a qué se refería mi padre? Quiero pensar que cuando decía "tener un hijo", no es para tenerlo y ya, sino para crecer con él, no por él, ni tampoco que te realices en él, sino verlo cómo descubre que tiene alas y verlo volar. Tener un hijo es darte cuenta que eres tan niño como él y que él es tan maduro como tú crees serlo, tener un hijo es reaprender a amar sin miedos, sin tapujos, sin defensas, sin mentiras y sin estilos, simplemente amar.

Escribir un libro es más que poner letras en una hoja, o golpear el teclado, es desprenderse del ser y plasmarlo para que otros tengan la oportunidad de crecer mientras tú menguas.

Plantar un árbol, tiene que ver con el cuidado de la naturaleza, no es simplemente plantar un árbol, sino cuidar la naturaleza, el plantar no es, llegar, hacer un hoyo, meter una semilla, y regarla, es algo más integral, tiene que ver con amarlo, protegerlo, cuidarlo y respetarlo, y cuando estas lejos de él, hacer lo mismo con los hermanos árboles.

La idea de planear es linda, pero a veces nos olvidamos de disfrutar el paisaje. Existen personas que corren mientras viven. Es decir, creen que deben vivir desenfrenados, a todos nos pasa, sobre todo cuando somos adolescentes y jóvenes.

Nos queremos comer el mundo, pensamos que se nos ira la vida, no nos detenemos, el problema es que cuando crecemos seguimos el mismo ritmo de vida, no hay momentos de quietud, no hay momentos de detenimiento, no hay momentos de paz.

Pensamos que estar en paz es estar sin hacer nada, pensamos que estar solos, es no ser sociables, y pensamos que callar es ser cobardes

El camino, no tiene que ver con una vida de austeridad, ni tampoco de amargura; al contrario, tiene que ver con una vida de opulencia y felicidad, pero saben, ahora creo que es una vida compartida.

Ahora entiendo a papá Manuel, compartimos y nos hacemos humanos.

Con mis hijos (teniéndolos y atendiéndolos), con los demás (a través de tus libros), con la naturaleza (plantando un árbol).

El plan perfecto es grandioso porque lo compartes con los demás y los demás lo hacen con los demás, es una cadena increíble y a la vez indestructible.

La idea es que al final del camino puedas saber que el plan perfecto no tiene que ver con la fama, ni con la fortuna, sino con aprender a vivir y vivir aprendiendo, eso es lo fantástico del plan perfecto.

Se perfecciona no es tus talentos, sino en tus debilidades, porque en tus debilidades descubres que si no fuera por él/ella entonces estarías frito, pues él/ella, siempre está dispuesto, siempre está creyendo, siempre está ahí.

A veces en el consultorio las personas quieren manipular todo, otros quieren controlar y eso les causa frustración, pero cuando te dejas caer no hay que manipular, ni que controlar, sólo confías, y eso te da esperanza, y la esperanza genera fe y la fe paciencia y la paciencia paz, todo tiene su tiempo y su orden, no lo alteres, no lo quieras dominar, al final siempre se hará lo que es mejor para ti, y tú sabrás qué es la verdad y lo qué es lo mejor.

Los planes perfectos surgen en los momentos menos esperados, recuerdo una frase muy rica: "La condición para un milagro es la dificultad, para un gran milagro es la imposibilidad" los planes perfectos se hacen en la imposibilidad, y, el único que puede hacer esto es Dios.

Para algunos esto es anormalidad, pero quién te dijo que Dios era normal, eso que algunos llaman imposible son cosas que no han visto jamás, por eso es imposible, porque no entienden como uno puede estar tranquilo; pero uno está tranquilo porque está viendo y viviendo con él/la invisible.

Por eso hoy que descubro que me hacen falta 130 años más para vivir, creo que tengo mucho que aprender y mientras lo sigo haciendo sigo educando. La idea es sencilla, déjate caer, total, sólo pueden suceder dos cosas:

- Él/Ella estará ahí para cacharte;
- Él /Ella te dará alas para volar.

Que mejor plan para comenzar mis 34 años, dejarme caer y seguir Escribiendo libros, plantando árboles y quien quita y tenga otro hijo.

Marco Antonio Meza-Flores

Esperar en la espera

> Los efectos de la vida, son ásperos,
> largos y sinuosos, sin embargo, el
> que espera, siempre llega al lugar
> que se propuso.
>
> MAMF

Cuando recibes noticias que parecen ásperas nos es difícil hacer lo que haríamos de manera sencilla, hoy me es difícil escribir, podría no ser nada, pero cuando se trata de la salud, se habla de todo, la salud que no protegemos porque creemos que tenemos todas las de ganar, y no hablo de la salud física, sino de la salud mental, aquella que más descuidamos por el simple hecho de verla como secundaria.

Por lo general las personas no le ponen atención a sus dolores mentales, con la idea absurda de "después pasará", dejan pasar años y ese tipo de problemáticas anidan no sólo en el corazón, sino en el espíritu y les roban su gozo, entonces el cuerpo comienza a decaer y a morir con lentitud, recuerda: "lo que te tragas podrido, se pudre dentro".

Por desgracia esto no es algo que notemos a simple vista, lo vemos cuando está sobre nosotros en forma de colitis o gastritis, o cualquier *itis*= inflamación, pero no le damos la atención adecuada; después llega el hipo o la hipertiroides, y en sus casos más graves diabetes, cáncer y hasta la muerte.

Así es "compañeros poetas" (dijera Silvio Rodríguez), el descuido mental de las personas es una de las causas más fuertes de muerte, no sólo física, sino mental y espiritual, las emociones (del latín *emovere* que quiere decir "perturbar o movernos desde adentro"), son fuertes y a pesar de que existen personas que dicen "¡yo las domino!", no es el fin, ni mucho menos la acción, las emociones deben salir, la forma en cómo las sacas es el problema.

Pero bueno, he tratado de dar una pequeña introducción a lo que aquí nos compete.

Supe que mi madre, ese ser tan interesante al que a veces le falté el respeto, otras ignoré, muchas otras odié y en algunas más mandé al demonio, está enferma, eso me hizo sentir impotente.

Me imaginé, yo soy pastor de pastores, psicólogo de personas y no pude ni puedo ayudar a uno de los seres más importantes de mi vida, que estúpido me sentí, que idiota, a pesar de saber que mi IQ (coeficiente intelectual) es alto; que mis conocimientos son bastos, y que puedo hacer puentes en donde muchos han decidido poner barreras. A pesar de eso, no puedo hacer nada. Entonces hice algo que aprendí a hacer para decir lo que siento y pienso; escribí.

Aquí me tienen, diciéndoles a todos y todas aquellas que cada semana leen mis artículos,

¡DESPIERTEN!, ¡no sean tan ESTÚPIDOS como yo!, nuestros padres, amigos y enemigos no son eternos, abrácenlos si están cerca, ámenlos, no importa qué tipo de cucaracha creas que ellos son, al final de todo, son tus padres, tus amigos y tus enemigos.

El descuido que tenemos a personas que decimos son importantes es impresionante, ¿por qué? ¡Cómo las tenemos cerca! Pensamos que nunca les va a pasar nada o que no les pasa nada, entonces, algunos, "como yo", creen que todo está bien.

La realidad es muy adversa cuando no ponemos los ojos en el/la Creador/a, por eso estoy tranquilo también, es algo interesante, muchos de mis pacientes y de mis conocidos me preguntan, ¿cómo puedes sonreír después de saber malas noticias, o tomar decisiones que marcarán tan fuertemente tu vida, cómo le haces?

Entonces sólo les contesto, ¡conozco al que mece el barco! ¡Sé estar en paz, en medio de la tormenta! No quiere decir que no me quejo, claro que lo hago (y muchas veces), pero sigo caminando, creo con firmeza que él o ella sostendrá mi meta, mi sueño y me alentará a seguir adelante.

¿Por qué tan seguro? ¡Sencillo!... lo conozco. Me agarro a besos todas las noches con ella o con él, sé que está, a veces dudo, sería mentira decir que siempre creo, pero eso es lo que me ha sostenido, saber que siempre está, a pesar que algunos no quisieran que este, a pesar de saber qué clase de persona fui, sé que él siempre o ella, así como se lee, SIEMPRE, está; para acompañarme, cuidarme, bendecirme, él o ella es la más grande admiradora que tengo y cuando me ve, dice "este es mi hijo amado, en él me complazco, a él escuchen".

Parece loco, lleno de orgullo y hasta soberbio, pero para nada, sólo repito, lo que él me dice, lo que él te dice a ti, pero es posible que no lo escuches tan nítidamente como yo lo hago.

La esperanza es algo que nunca muere, NUNCA; pero hay que saber esperar en la espera, eso es lo complicado, a veces uno confía en la gente y la gente lo daña, espera en la espera; vendrán enfermedades, y haremos cosas idiotas como planear la vida con la enfermedad, "espera en la espera"; otras veces la gente está derrotada antes de comenzar a caminar, "espera en la espera"; y unas más la gente planea sus derrotas antes de caminar o construir sus triunfos, "espera en la espera".

Cuando comencé la idea de Canah era estudiante de la carrera de Psicología, ya daba consulta teoterapéutica, pues era teólogo, sin embargo, la gente que escuchó tuvo diferentes reacciones, algunos se rieron, otros creyeron y los más osados, caminaron conmigo. Ahora después de ya ocho años, Canah existe, y no sólo es un centro psicológico más en Reynosa, es el mejor Centro de Formación Integral de la ciudad, aunque algunos no lo crean y a otros no les guste, y vamos por México, a lo mejor no lo veo cristalizado, pero haré el camino para que otros lo hagan.

Paz en medio de la tormenta se da cuando uno comienza a entender que uno debe aprender a esperar, en la espera.

La palabra ESPERANZA, quiere decir "el que espera", y el que espera es porque cree en lo que espera.

Tu situación es muy complicada, espera; no tienes el trabajo que querías, espera; no tienes la casa que querías, espera; no puedes realizar hoy tu sueño espera; no puedes estar con el ser que amas, espera; pero mientras esperas CAMINA.

No necesitas que te den noticias para comenzar a caminar, camina mientras llegan las noticias, a veces la gente me dice "te tengo malas noticias", pero repito sólo lo que dice el maestro Sidharta Buda, "las noticias son noticias, uno les pone el matiz".

Recuerdo la escena de Jesús cuando le dijeron que fuera a sanar a una jovencita, cuando iba rumbo a su casa (que no se encontraba en el itinerario), alguien le dijo, Ya no vayas, la niña murió.

Jesús no dijo: "Ok sigamos haciendo lo que se supone íbamos a hacer"; Jesús dijo, "no temas, sólo cree", y parece tonto, qué acaso Jesús no entendía "la niña está muerta, *finish*, acabose, *ripio*, colgó los tenis", le dicen: "está muerta", y Jesús sale con "no temas sólo cree", ese es el problema nos falta creer, esperar es creer en lo que esperamos, por eso esperamos en lo se espera, o para decirlo de otra manera, "esperamos en la esperanza".

Las cosas no siempre resultan como uno quiere, pero debes creer que si Dios te dice ve y toma, debes ir y tomar lo que él te ha dicho, si Jesús te dice, perdona, debes hacerlo, debes creer por fe y porque él siempre construye, nunca te daría veneno, nada que te haga daño.

Pero cuida a tus seres amados y también invítalos a ellos a cuidarse de los estados emocionales que tienen, eso es lo mejor que puedes hacer por ellos. Por lo demás se feliz y diviértete, y cuando creas que todo está mal sólo espera, al final la espera trae recompensa y te enseña a vivir en paz, con armonía y sobre todo, paciencia.

Maricruz Jaramillo Cruz

Nacida en Mante, Tamaulipas el 3 de mayo de 1980. La mayor de dos hermanas. Comenzó su carrera estudiando la Licenciatura en psicología con enfoque clínico en el estado de Durango, la cual tuvo que interrumpir por cuestiones personales; finalmente continúo con la misma carrera en Reynosa, Tamaulipas, donde concluyó sus estudios en diciembre de 2010.

Del 2010 al 2013 estuvo en entrenamiento en el desarrollo de habilidades socioemocionales, impartido por el Centro Gestalt Fritz Perls en Monterrey. Dado a su interés por la docencia decidió iniciar una maestría en educación en la Universidad Interamericana para el Desarrollo, que pertenece al consorcio Anáhuac y concluyó en el 2015.

Actualmente labora como docente y coordinadora en el Centro de Atención para Estudiantes con Discapacidad (CAED).

Percibir sobre lo que es, y no sobre lo vivido

Vacía la mente y mirarás lo que es y no lo que la mente le atribuye. Vivir implica entre otras cosas ver, respirar, sentir, oler, degustar, oír agudamente hasta en aquellas circunstancias que pudieran parecer las peores. Dejamos de aprender porque tememos arriesgar y arriesgar implica vivir sin percibir y actuar sobre lo que ya tenemos almacenado; vivir sin crear expectativas te genera nuevas experiencias reales; no vivir sobre lo ya vivido te permite percibir con cada uno de los sentidos sin asociarlos a circunstancias previas; siendo así te da la oportunidad para disfrutar plenamente cada experiencia y aprender a capitalizar lo aprendido. ¿Por qué no disfrutar el dolor?, ¿Por qué no vivirlo en lugar de evitarlo? finalmente es parte del crecimiento, ¿Por qué pensar en el momento en el que te encuentras feliz, en que no quieres que este se acabe, en vez de concentrar todo tú ser en disfrutarlo con cada parte de ti? No vayas en contra del universo, si no con él, porque sería lo mismo que nadar contra la corriente. Acepta lo que en el momento no se puede cambiar y ¡disfrútalo!, ¡sácale ventaja! llénate de esa experiencia pero sin crear ideales, estereotipos; mira lo que es desde lo que se vive en ese momento y no sobre lo ya vivido. Vivir en paz y armonía implica vaciar tu mente en cada suceso, en cada sentir y crear en el presente sin pensar en el futuro, porque trabajar en el presente será el resultado de lo que vivirás en el futuro.

Te convertiste en inspiración y sin darte cuenta me enseñaste con pocas palabras sobre lo que hoy escribo, siendo tu maestra me convertí en tu discípula. Gracias por compartirme tú experiencia de vida, de tus días llenos de ansiedad y mostrarme que los regalos de la vida se disfrutan tal y como se sienten en ese momento, sin mirar fantasmas y sin importar si los hay, gracias por hacerme entender que en la vida se arriesga y no hay nada que perder y mucho que ganar.

Gracias Dios por estar conmigo y permitirme respirar para poder seguir creciendo, gracias por las hermosas personas que cruzas en mi camino, gracias por poner los medios para descubrirme.

Marco Antonio Meza-Flores y Sergio Morales Bustos gracias por sus aportaciones conceptuales, mírenlas aquí aplicadas, pero en especial a ti JM quien me hiciste dar un salto cuántico increíble.

Omar Gasca Carrillo

Nacido en Zitácuaro, Michoacán el 10 de julio de 1980. Es el menor de tres hermanos. Comenzó su carrera estudiando Ingeniería en Sistemas Computacionales, concluyó sus estudios de ingeniería en el Instituto Tecnológico de Morelia en diciembre de 2001. Durante el año 2002 laboró como docente de la misma carrera en el Instituto Tecnológico Superior de Ciudad Hidalgo, Michoacán.

Entre 2004 y 2006 trabajó como diseñador de sistemas en la empresa Caja Morelia Valladolid de Morelia, Michoacán, donde realizó procesos de mejora al sistema de bases de datos y diseñó procesos de automatización para el análisis y otorgamiento de créditos.

En 2005 ingresó al Servicio Profesional Docente, como maestro de Matemáticas en la Escuela Secundaria Técnica #3 de Morelia, Michoacán.

En 2015 obtuvo la Beca *"Monbukagakusho"* para Maestros en Servicio, otorgada por el gobierno Japonés, y desde septiembre del 2016 a marzo de 2017 realiza estudios sobre el proceso de enseñanza aprendizaje de las matemáticas en Japón.

Padre Soltero en la Industria del MLM. ¿Es posible?

¡Hola! ¿Qué tal? Mi nombre es Omar Gasca Carrillo, y el día de hoy, he decidido hablarte sobre un tema muy personal, ya que es la situación que vivo, pero que según las estadísticas, es una situación que poco a poco se va convirtiendo en algo común: Padres y Madres solteros.

En mi caso, soy el orgulloso padre de un pequeño de siete años y medio de edad. Realmente es la luz de mis ojos, y desde el día que supe que vendría a mi mundo, no se me ha quitado la sonrisa del rostro. Actualmente soy un hombre de 36 años, separado (nunca nos casamos), que comparte la responsabilidad del cuidado de mi hijo con su mamá.

Afortunadamente logramos un acuerdo en el que yo convivo con mi hijo tres días y dos noches de cada semana (no juntos, por supuesto), lo cual a mí me tiene muy contento, ya que puedo disfrutar de la paternidad e ir viendo el crecimiento y desarrollo de mi pequeño "cachorro" casi a diario, y no me tengo que esperar al fin de semana como sé que ocurre en la gran mayoría de los casos.

Bien, pues si todo esto es tan maravilloso, ¿Cuál es el problema? Ninguno. Sólo que hay una pequeña complicación: Mi negocio de *Network Marketing*. Soy relativamente nuevo en este mundo, y aunque inicié con todo el ánimo (como la gran mayoría de los que tomamos la importante decisión de entrar a esta industria), el tiempo que le he podido dedicar a mi negocio, se ha visto mermado, por el tiempo que tengo que dedicarle a mi hijo.

Y es que, como muchos padres, me he visto ante la disyuntiva de ofrecerle la mayor cantidad y calidad de tiempo posible a mi hijo, o dedicarme 100% al desarrollo de mi negocio.

Hasta el día de hoy, me he inclinado por la primera opción, y creo que seguiré haciéndolo así hasta el día último de mi vida. Pero entonces: ¿Cómo va a crecer mi negocio, si no me dedico al cien por ciento? ¿Cómo voy a desarrollarme profesionalmente si no puedo asistir a todas las capacitaciones que da mi empresa? ¿Cómo espero obtener frutos de un árbol que no estoy regando día con día? ¿Cómo hacer crecer mi red, si no estoy buscando prospectos todos los días?

Estoy seguro que aunque no seas un padre soltero, alguna de estas dudas ha invadido tu mente en más de una ocasión, y la respuesta es muy simple: No se puede.

No es posible hacer crecer un negocio si no se le dedica toda la energía, todo el entusiasmo y todas las capacidades que disponemos. No es posible un desarrollo profesional, personal o de ninguna otra índole, si no invertimos lo necesario para obtenerlo, llámese tiempo, dinero o esfuerzo. Ninguna red de ningún sistema de

Network Marketing puede crecer por obra de magia.

Supongo que la respuesta que te acabo de dar, no es la que tú esperabas, especialmente en un mundo como el del *Network Marketing*, en el que todo mundo dice que "Todo es Posible". Entonces, ¿te estoy desanimando? ¿Te estoy diciendo que no lo hagas? ¡Claro que no! Simplemente te estoy diciendo que tienes que estar preparado, porque lo que para otras personas será muy sencillo, a ti te costará un esfuerzo mayor. Sabes bien a qué me refiero con esto: Mientras que en tu red, o en la red de tu *Upline* hay personas que sin ningún esfuerzo pueden asistir a todas las reuniones de capacitación, tú tienes que mover cielo, mar y tierra para conseguir quién te pueda ayudar a cuidar a tu hijo una o dos horas todas las semanas. Mientras que para las demás personas, hacer un pago de veinte o treinta dólares por un evento importante de tu empresa no representa un gasto importante, tú lo tienes que traducir a cuánta leche, ropa, zapatos, biberones, medicinas, etc., podrías haber comprado con ese dinero.

Entonces, si ya estás consciente que para ti el reto será mayor, si ya tomaste conciencia de que tu *Upline* por más que te quiera ayudar, no van a dejar de asistir a capacitarse ellos por cuidar a tu hijo, si ya lograste interiorizar estos conceptos, ya tienes la mitad del camino andado.

Te tengo dos noticias, y creo que ninguna de ellas es buena:

- La mitad del camino no es suficiente para volverte millonario. Y lo que tú estás buscando es volverte millonario.
- La otra mitad del camino que te hace falta, es aún peor que la primera mitad.

Un negocio de *Network Marketing* o *Marketing Multinivel*, como cualquier otro negocio, necesita del cien por ciento de ti. Ponte a pensar, si tuvieras un negocio "Tradicional", por ejemplo, si te dedicaras a vender fruta en el mercado de tu localidad, ¿qué pasaría si solamente pudieras abrir tu negocio unos cuántos días, y solamente por unas cuantas horas, mientras que el que vende fruta justo frente a ti, abre todos los días, de seis de la mañana a once de la noche? Creo que la respuesta es bastante obvia: Tú quebrarías, mientras él se queda con todos tus clientes. Bien, pues no hay motivo para pensar que un Negocio Multinivel funciona diferente.

¿Por qué te digo que la mitad del camino que te hace falta recorrer es aún peor? Porque requiere que hagas un esfuerzo mayor. Si no cuentas con el tiempo suficiente en los horarios tradicionales, entonces tienes que hacer uso de los horarios "no tradicionales". Es decir, tendrás que desvelarte mucho. Tendrás que levantarte más temprano, tendrás que dejar de lado el momento de la siesta, o tal vez hacer algún almuerzo en el camino de tu casa a tu trabajo, todo esto con una finalidad: Documentarte.

Ahora mismo, yo estoy escribiendo este artículo a la una de la mañana, y he sido interrumpido por lo menos en tres ocasiones desde que lo inicié. Dos porque mi hijo se despertó, y una más porque tengo funcionando la lavadora con su ropa, y he tenido que ir a tender la ropa a secar. Sin embargo, si yo no puedo asistir a las capacitaciones tradicionales como lo hacen los demás miembros de la red de mi patrocinador, tengo que tomar estos momentos para emparejarme un poco.

Ahora bien, yo sé que a ti te dijeron que en el *Network Marketing* trabajabas menos, y ganabas más. Probablemente te dijeron que con una o dos horas diarias sería suficiente para tener mucho dinero en poco tiempo. Estoy casi seguro que alguna de las siguientes frases te las repitieron constantemente: "Los clientes llegan solos"; "La gente está buscando una oportunidad de negocio"; "El producto se vende prácticamente solo". Si alguna de estas frases te sonó familiar, es momento de salir del error. O por lo menos, de hacer ciertas precisiones: Los clientes llegarán solos, siempre y cuando te vuelvas una persona atractiva para ellos. La gente NO está buscando una oportunidad de negocio. La gente está buscando una SOLUCIÓN a sus problemas financieros. NINGÚN producto se vende sólo, o es que acaso ¿a tu hogar llega algún producto por su propia cuenta? La gente compra convencida. La gente se convence observando. Si estás convencido de tener el mejor producto para bajar de peso, no puedes estar fuera de forma. Si vendes las mejores planchas del mundo, no puedes tener una sola arruga en tu ropa. Pero además, tienes que estar seguro que a la gente le interesa tener lo que tú tienes. Nadie en su sano juicio compraría arena en el desierto, ¿verdad? Pues entonces si a la gente no le interesa lo que ve en ti, de ninguna manera lo querrán para sí mismos. Pero bueno, esto es otro tema diferente, retomando el camino, y resumiendo para terminar: Si te encuentras en una situación donde tendrás poco tiempo en horarios tradicionales para capacitarte, no cometas el error que yo había cometido hasta hace poco: NO DEJES DE CAPACITARTE. Añade valor a tu persona, valor en forma de conocimiento importante para que lo puedas compartir con las demás personas, y así te puedan seguir. Es cierto, el camino será un poco más complicado. Es verdad, mientras otros pareciera que van en primera clase, tú sientes que vas en cuarta o quinta clase. ¡No importa! Los motivos son lo suficientemente importantes como para que valga la pena. Por lo menos yo, en este momento me siento realmente bien, sabiendo que tengo a mi tesoro más valioso durmiendo plácidamente después de todo un día de juegos y sorpresas, mientras me desvelo compartiéndote un poco de mi experiencia, esperando que te sea de utilidad.

Recuerda: "Entre más grande es el reto, mayor será la satisfacción".

Saludos y hasta la próxima!